Handbuch für Squash

Meseck / Haymann

Handbuch für Squash

Meyer & Meyer Verlag

Schriftleitung der Handbuchreihe:
Dr. Ulrich Becker, Kaiserslautern

Die Deutsche Bibliothek – CIP Einheitsaufnahme

Meseck, Ulrich:
Handbuch für Squash / Ulrich Meseck/Kurt Haymann.
– Aachen : Meyer und Meyer, 1997
ISBN 3-89124-263-8
NE: Haymann, Kurt

Alle Rechte, insbesondere das Recht der Vervielfältigung und Verbreitung sowie das Recht der Übersetzung, vorbehalten. Kein Teil des Werkes darf in irgendeiner Form – durch Fotokopie, Mikrofilm oder ein anderes Verfahren – ohne schriftliche Genehmigung des Verlages reproduziert oder unter Verwendung elektronischer Systeme verarbeitet, gespeichert, vervielfältigt oder verbreitet werden.

© 1997 by Meyer & Meyer Verlag, Aachen
Titelfoto: Sportpressefoto Bongarts, Hamburg
Fotos Innenteil: Fritz Borchart, London
Grafiken: Marco Danisch, Bremen
Umschlaggestaltung: Walter J. Neumann N&N Design-Studio, Aachen
Umschlag- und Satzbelichtung: frw, Reiner Wahlen, Aachen
Lektorat: Dr. Ulrich Becker, Dr. Irmgard Jaeger
Satz: Quai
Druck: Druckerei Röder und Moll GmbH, Mönchengladbach
Printed in Germany
ISBN 3-89124-263-8

Inhalt

1 Warum schon wieder ein neues Squash-Buch? 7

2 Die Entwicklung des Squash-Spiels 9
2.1   Ein kurzer Rückblick auf die Entwicklung der verschiedenen Spielstile im Squash 9
2.2   Squash als Freizeitspaß und als Wettkampfsport 11
2.3   Alltagsmotorik – Sportmotorik – Spielerfahrungen 12

3 Taktik und Technik des Einzelspiels. Wie kann ich den Ball so spielen, daß der Gegner ihn nicht erreicht? 14
3.1   Das Spielkonzept für Anfänger 14
3.1.1 Die taktischen Grundregeln 16
3.1.2 Taktisches Konzept und individueller Spielstil .22
3.1.3 Taktik lernen: die wichtigsten Tips für Anfänger 23
3.2   Das Spielkonzept für Fortgeschrittene 23
3.2.1 Das „Shotspiel" 27
3.2.2 Das „Basisspiel" 28
3.2.3 Taktisches Konzept und individueller Spielstil .29
3.2.4 Taktik erweitern: die wichtigsten Tips für Fortgeschrittene 29
3.3   Technik lernen und anwenden. Vom Anfänger zum Fortgeschrittenen . .31
3.3.1 Die Basistechniken 31
3.3.2 Das Schlagrepertoire der Grundschläge 38
3.3.3 Technik lernen: die wichtigsten Tips für Anfänger 49
3.4   Technik lernen und anwenden: vom Fortgeschrittenen zum Wettkampfspieler 52
3.4.1 Das Volleyspiel und seine Varianten 52
3.4.2 Spezialschläge 54
3.4.3 Technik erweitern und an höheres Spielniveau anpassen: die wichtigsten Techniktips für Fortgeschrittene 56
3.5   „The fitter you are, the better you play" – Kondition 59
3.5.1 Ausdauer 59
3.5.2 Kraft – Schnelligkeit – Beweglichkeit 61
3.5.3 Koordination – Antizipation 61

3.5.4 Fitneß ist machbar – Trainingsplanung 62
3.5.5 Squashspezifisches Konditionstraining 64
3.5.6 Die eigenen Reserven optimal ausnutzen – Aufwärmen vor dem Spiel ..65

4 Theorie und Praxis des Wettkampf-Squash (Einzel) 66
4.1 Spielanalyse 66
4.2 Individuelles Leistungsprofil im Wettkampf und Spielertypen 73
4.3 Mentale Einstellung 76

5 Das Doppelspiel 79
5.1 Die Spielsysteme 79
5.1.1 „Rechts-Links" 79
5.1.2 „Vorne-Hinten" 80
5.1.3 Die Kombination beider Spielsysteme in einem Spiel 81
5.2 Besonderheiten des Regelwerks im Doppel 82
5.3 Taktische Grundüberlegungen 84
5.4 Übungsformen zur Vorbereitung auf das Doppelspiel 85

**6 Übungs-, Trainings- und Spielformen für Anfänger
und Fortgeschrittene 88**
6.1 Einzelübungen 90
6.2 Übungen zu zweit 95
6.3 Zuspielübungen 108

7 Ausrüstung und Sicherheit auf dem Court 113
7.1 Ausrüstung – die Grundausstattung und was sonst noch nützlich ist ..113
7.2 Die Sicherheitsregeln 116

8 Fachbegriffe 119

9 Regelanhang für das Einzel- und Doppelspiel 128

10 Literatur 142

1 Warum schon wieder ein neues Squash-Buch?

Eine Flut von Neuerscheinungen gibt es nun fast jährlich für die meisten Sportarten, dies macht die Entscheidung für Käufer nicht gerade einfach. Auch die Autoren müssen sich natürlich fragen lassen, ob sie nur bereits Bekanntes in neuem Gewand zu Markte tragen, oder dem Leser tatsächlich inhaltlich Neues zu bieten haben.

Wir sind der Auffassung, daß dieser Anspruch, etwas Neues zu bieten, im vorliegenden Buch in zweifacher Weise erfüllt werden kann:

Zum einen haben wir versucht, alle Anforderungen zu beschreiben, die sich auf dem Weg vom Anfänger, zum fortgeschrittenen Spieler und zum Wettkampfspieler stellen. Damit wird erstmals dieser Lernweg systematisch in seinem Verlauf beschrieben. Aus unserer langjährigen Erfahrung als Trainer, Ausbilder an Universitäten und last not least als Spieler, haben wir zu allen Kapiteln die Erfahrungstips herausgesucht, die in der Praxis des Lernens, Übens und Trainieren nachweislich am besten funktionieren und auch für das Selbsttraining geeignet sind. Dank sei an dieser Stelle allen Spielerinnen und Spielern gesagt, die mit ihren Fragen dazu beigetragen haben, diese Tips zu entwickeln.

Zum anderen wird in diesem Buch erstmals das Doppelspiel im Squash beschrieben. Sie staunen? Ja, das gibt es, seit 1994 als offizielle Wettkampfdisziplin des Squash-Weltverbandes. Anfängern ist es jedoch nur mit Vorsicht zu empfehlen, da Regelkenntnisse und kontrollierte Schlag- und Laufbewegungen erforderlich sind. Zudem gibt es bisher in Deutschland nur wenige Doppel- Wettkampfcourts, aber das wird sich in den nächsten Jahren sicher ändern. Doch auch auf einem „normalen" Squashcourt läßt sich ein Doppel mit Spaß spielen.

Das vorliegende Buch ist folgendermaßen gegliedert: Nach einem kurzen Kapitel mit Hintergrundinformationen wird in den folgenden Abschintten das Einzel- (Taktik, Technik, Kondition) und Doppelspiel vorgestellt. Abgerundet wird das Buch durch ein umfangreiches Kapitel mit Übungen und Spielformen sowie Kapiteln zur Ausrüstung und Sicherheit auf dem Court, einem Verzeichnis von Fachbegriffen und einem Regelanhang für das Einzel- und Doppelspiel. Wir meinen, damit alle wichtigen theoretischen und praxisrelevanten Informationen für das Squash-Spiel zusammengestellt zu haben und wünschen unseren Lesern viel Spaß beim Lesen und beim Ausprobieren der Tips, die dieses Buch für Sie bereithält.

Ein Hinweis noch zur Schreibweise. Im folgenden Text verwenden wir durchgehend die männliche Schreibform für „Spieler", da Texte, in denen durchgehend die doppelt geschlechtliche Form (der/die Spieler/Spielerin oder der/die SpielerIn) verwendet wird, auf Dauer sehr holprig zu lesen sind.

München/Bremen, im Februar 1997
Kurt Haymann/Ulrich Meseck

2 Die Entwicklung des Squash-Spiels

Für Anfänger in einer Sportart ist es nicht immer einfach, sich die wichtigsten Informationen zu holen, um das eigene Spiel in der wünschenswerten Weise zu verbessern. Meist wird am Anfang mit Freunden, einem Partner oder Arbeitskollegen gespielt, die zwar schon besser spielen, aber in der Regel auch nicht alle Fragen beantworten können, die sich im Zusammenhang von Technik, Taktik, Ausrüstung usw. stellen. Da Squash in der Vergangenheit kein verbindlicher Schulsport war, findet die Berührung mit dieser Sportart meist ohne erwähnenswerte Vorkenntnisse statt. Der beste, einfachste und teuerste Weg ist es, Trainerstunden bei einem ausgebildeten Trainer zu nehmen. Gut ist es ferner, mit deutlich besseren und erfahrenen Spielern zu spielen.

Für die Selbstaneignung von Wissen sind natürlich auch Bücher sehr hilfreich. Im weiteren Verlauf Ihrer „Squash-Karriere" werden Sie feststellen, daß die Fragen nicht weniger werden, sondern sich in unterschiedliche ausdifferenzieren. Stand am Anfang vielleicht das Problem im Vordergrund: „Wie muß ich überhaupt laufen, damit ich meinem Gegenspieler nicht im Weg steh?", so stellt sich später die Frage, wie ich die Rückhand aus der Hinterecke plazierter und härter schlagen kann oder wie ich gegen Spieler mit ganz bestimmten Spielweisen erfolgreich Wettkämpfe spielen kann. Später treten manche Spieler einem Verein bei, um am Ligaspielbetrieb teilzunehmen oder spielen Turniere. Auch hier stellen sich neue Anforderungen an Technik, Taktik und konditionelle Vorbereitung.

Wir wollen versuchen, diesen Weg im Buch nachzuzeichnen, so daß es ein zuverlässiger Begleiter Ihrer Squash-Karriere auf den unterschiedlichen Leistungsebenen sein kann. Beginnen möchten wir mit einem kurzen Rückblick, der die Entwicklung der unterschiedlichen Spielstile verdeutlichen soll.

2.1 Ein kurzer Rückblick auf die Entwicklung der verschiedenen Spielstile im Squash

Aus der Entwicklung der letzten 40 Jahre lassen sich zwei Entwicklungslinien herauskristallisieren. Das Squash-Spiel war in den 50er Jahren durch pakistanische und ägyptische Spieler geprägt, die erstmals auf technisch sehr hohem Niveau spielten. Die Weiterentwicklung erfolgte in den 60er Jahren durch die extreme Verbesserung der körperlichen Fitneß. Als herausragender Spieler dieser Epoche kann der Engländer Jonah Barrington genannt werden, der als erster "Fitneß-Spieler" in die Squash-Geschichte eingegangen ist. Seine spielerischen Möglichkeiten waren im technischen Bereich eher durchschnittlich. Seine Taktik basierte vor allem darauf, Fehler zu vermeiden, die Ballwechsel lang zu gestalten und den Gegner in der hinteren Courthälfte zu halten, um dessen Angriffsrisiko (und damit das Fehlerrisiko) zu erhöhen. Barrington hielt den Ball im Spiel, um den Gegner zu ermüden.

Der Australier Geoff Hunt, der dominierende Spieler der 70er Jahre, war ebenso fit, spielte aber auf technisch höherem Niveau und verfügte damit über zusätzliche taktische Möglichkeiten. Er perfektionierte das Basisspiel, bei dem versucht wird, den Ball immer so zu spielen, daß der Gegenspieler in möglichst kurzer Zeit einen möglichst langen Laufweg zurücklegen muß. Fitneß hatte sich nun im Squash auf sehr hohem Niveau etabliert. Der vielleicht ideale Spieler, Jahangir Khan, der über fünf Jahre unbesiegt blieb und den 80er Jahren seinen Stempel aufdrückte, brachte das Powerplay zur Perfektion. Er zermürbte seine Gegenspieler durch hohes Spieltempo (Volleyspiel, sehr frühes Schlagen des Balles bei Grundschlägen) und extreme Schlaghärte. Seine Spielweise erforderte sehr viel Kraft im Schlagarm, da sein reaktionsschnelles Spiel oft kurze Aushol- und Aufschwungphasen erforderte, verbunden mit extremer Beschleunigung und starkem Abbremsen des Schlägers. Viele Spieler versuchten weltweit, diesen Stil zu kopieren, da ab Mitte der 80er Jahre neue Materialien im Schlägerbau verwendet wurden, die hohe Ballbeschleunigung auch mit kurzem Schwung zulassen.

Zur Zeit konkurrieren in der Weltspitze bei Männern und Frauen ganz unterschiedliche Spielertypen. Von Angriffsspielern mit hervorragendem Schlagrepertoire und „touch" bis zu eher defensiv eingestellten „Basisspielern" ist alles vertreten. Diese Entwicklung scheint normal zu sein, da sie auch in der Entwicklung anderer Sportarten in ähnlicher Weise zu beobachten war (z. B. im Tennis). Zwar gibt es beim Squash keine ähnlich großen Unterschiede bei Bodenbelägen wie im Tennis, aber wer bereits auf Squashcourts in verschiedenen Squash-Anlagen gespielt hat, wird wissen, daß z. B. die Beschaffenheit von Wänden, Böden sowie Lufttemperatur und -feuchtigkeit einen enormen Einfluß auf das Ballflugverhalten und damit auf das eigene Spiel haben können.

2.2 Squash als Freizeitspaß und als Wettkampfsport

Squash ist für die überwiegende Anzahl aller Spieler ein Freizeitspaß. Dafür gibt es eine Reihe von Gründe:

- Es ist möglich, sich in kurzer Zeit (45 Minuten) voll auszupowern.
- Das Spiel ist in seinen Grundzügen so schnell zu erlernen, daß es bald Spaß macht.
- Squash bietet so viele technische und taktische Anforderungen, daß über Jahre immer neue Spielreize entdeckt werden können.
- Gespielt werden kann jeden Tag zur gewünschten Zeit in den entsprechenden Centern.
- Durch die Zusatzangebote in modernen Squash-Centern (Sauna, Solarien, Gastronomie, andere Sportangebote) wird ein Ambiente geschaffen, das den Ansprüchen an aktiver Freizeitgestaltung entspricht.
- Es ist keine Vereinsmitgliedschaft erforderlich, um spielen zu können, so daß die Auswahl der Spielpartner nicht auf Vereinsmitglieder eingeschränkt ist, sondern Freunde, Arbeitskollegen, Familie mitumfaßt.
- Das Verletzungsrisiko ist statistisch gesehen geringer als beim Tennis.
- Squash ist eine Lifetime-Sportart, sie kann bei guter körperlicher Verfassung bis ins hohe Alter gespielt werden.
- Squash ist ein exzellentes Ausdauertraining, da die Pausen zwischen den Ballwechseln gering sind, und ein gutes Gesamtkörpertraining (Beine, Rumpf und Arme) gewährleistet ist.

Über 95% aller Spieler in Deutschland sind nicht in Vereinen organisiert, sondern sind sogenannte Freizeitspieler (diese Bezeichnung hat sich durchgesetzt, obwohl natülich Vereinsspieler ihren Sport auch in der Freizeit ausüben). Damit hat Squash eine ähnliche Ausrichtung als Freizeitsport wie das Ski- oder Snowboardfahren. Dennoch bestreitet ein Teil dieser unorganisierten Spieler Wettkämpfe. In den letzten Jahren ist eine interessante Entwicklung eingetreten, die es auch vereinsungebundenen Spielern ermöglicht, Wettkämpfe zu spielen. Einerseits werden zunehmend Turniere für Freizeitspieler ausgerichtet. Andererseits erleben aber vor allem die Freizeitligen einen wahren Boom, die von den Squashcentern selbst organisiert werden. Nicht selten nehmen in großen Centern bis zu 200 und mehr Spieler regelmäßig am Spielbetrieb teil. Das Prinzip ist einfach. Gespielt wird in

4er oder 5er-Gruppen, die nach ähnlicher Leistungsstärke zusammengestellt werden. „Jeder spielt gegen jeden" im Laufe eines Monats, und aufgrund der gesammelten Ergebnisse werden die Gruppen für den nächsten Monat neu zusammengestellt. Entsprechend den Ergebnissen steigen die Gewinner in die nächsthöhere Gruppe (oder je nach Ligaregeln sogar zwei Gruppen höher), die Endplazierten der Gruppe steigen ab. So wird für eine ständig wechselnde Zusammenstellung der Gruppen mit immer neuen Spielpartnern gesorgt. Da Spieler sich z. B. für Urlaubszeiten neutralisieren lassen können, ohne ihren Platz zu verlieren, entsteht kein Zwang zum Spielen. Und: Es gibt keine Leistungsvoraussetzungen, so daß jede(r) mitmachen kann.

Als Wettkampfsport in Vereinen und Verbänden ist Squash wie jeder andere Sport organisiert. Vereine melden Jugend-, Frauen- und Herren-Teams, die von der Kreisklasse bis zur Regionalliga in den Landesverbänden organisiert sind. Darüber wird die 1. und 2. Bundesliga gespielt. Natürlich gibt es auch noch Seniorenligen, die ab 35 Jahren gespielt werden. International treten die deutschen National-Teams bei Europa- und Weltmeisterschaften an. Und natürlich gibt es noch den Profi-Circuit, mit einer weltweiten Serie von Preisgeldturnieren. Die führenden „Spielernationen" sind Australien, England und Pakistan. Die deutschen Spitzenspieler sind seit Jahren Sabine Schöne (beste Weltranglistenplazierung Nr. 6) und Hansi Wiens (beste Weltranglistenplazierung Nr. 12). Die deutschen Teams waren in den letzten Jahren bei Europameisterschaften regelmäßig zwischen Platz 2 und 5 plaziert. Eine Vereinsmannschaft gewann sogar schon den Europapokal der Landesmeister.

2.3 Alltagsmotorik – Sportmotorik – Spielerfahrungen

Wer mit Squash beginnt, verfügt, unabhängig von Einstiegsalter, bereits über bestimmte Voraussetzungen. Die **Alltagsmotorik**, d. h. die Bewegungen, die im täglichen Leben häufig durchgeführt werden, prägen z. T. Körperhaltung, Muskelaufbau usw. Unter den im Lebenslauf erlernten Bewegungen sind auch solche, die für das Squash-Spiel genutzt werden können.

Ein Beispiel: Wer als Kind z. B. flache Steinchen aufs Wasser geworfen hat, so daß sie mehrmals auf der Wasseroberfläche aufspringen, hat eine Vorstellung von der Streck- und Drehbewegung des Armes, die für die Squash-Technik wichtig ist. Wer Unterarmdrehbewegungen gegen Widerstände erlernt hat (z. B. Schrauben), hat eine Vorstellung von Unterarmdrehbewegungen mit fixiertem Handgelenk; auch dies ist eine wichtige Voraussetzung für die Squash-Technik.

Sportmotorik bezeichnet die Summe der in Sportarten erlernten Bewegungsmuster. Wer z. B. Fußball, Basketball oder Handball gespielt hat, kennt sich aus mit koordinierten Laufbewegungen in unterschiedliche Richtungen auf engem Raum. Aber auch die Vorerfahrungen aus anderen Sportarten, wie z.b. Leichtathletik, können hilfreiche Voraussetzungen im Bereich der konditionellen Fähigkeiten darstellen. Besonders günstige Voraussetzungen sind dann vorhanden, wenn Erfahrungen aus anderen Rückschlagspielen (speziell Tennis, Badminton) vorliegen.

Die in anderen Sportarten erlernte Sportmotorik kann, wie dargestellt, einerseits nützlich sein, aber auch hinderlich, wenn Bewegungsmuster übertragen werden, die für das Squash-Spiel nicht so sinnvoll sind und weitere Lernprozesse verzögern oder verhindern. Dies gilt besonders, wenn Bewegungsfertigkeiten direkt übertragen werden (z. B. ist der Tennis-Vorhandgriff für Squash sicher unbrauchbar; ebenso die aus dem Handgelenk erfolgende Beschleunigung, wie sie beim Tischtennis erlernt wird).

Auch aus dem Bereich der **Spielerfahrungen** hat jeder Anfänger einen Erfahrungsschatz, der für das Squash-Spiel genutzt werden kann. Besonders Erfahrungen in Bewegungs- und Sportspielen sind hilfreich für das Erlernen des Squash-Spiels. Dies gilt zwar weniger für den Bereich der Technik, aber um so stärker für taktische Fähigkeiten und die gesamte Wahrnehmung und mentale Verarbeitung der vielen Entscheidungsanforderungen in Spielsituationen.

3 Taktik und Technik des Einzelspiels: Wie kann ich den Ball so spielen, daß der Gegner ihn nicht erreicht?

In diesem Kapitel sollen die taktischen und technischen Voraussetzungen für erfolgreiches Squash-Spielen für Anfänger und Fortgeschrittene bis hin zu Ligaspielern beschrieben werden. Es folgen Abschnitte über die Technik. Im anschließenden Kapitel 4 wird dann ausdrücklich auf Wettkampf-Squash eingegangen.

Die Abschnitte über Taktik leiten dieses Kapitel ein, da ich als Spieler zunächst einmal wissen muß, mit welchen taktischen Mitteln die Spielidee des Squash-Spiels überhaupt verwirklicht werden kann. Der Einsatz und die Ausführung bestimmter Schlag- und Lauftechniken ist nach unserem Verständnis lediglich das Mittel zum Zweck und daher immer der taktischen Absicht nachgeordnet.

3.1 Das Spielkonzept für Anfänger

Als Squash-Anfänger stellen sich für Sie bei den ersten Spielen zunächst Probleme und Fragen, die stark mit technischen Aspekten des Spiels zu tun haben. Typische Probleme sind:

(1) den Ball überhaupt zu treffen,
(2) ihn gezielt in eine Richtung zu schlagen,
(3) das Spiel aus dem hinteren Courtbereich, oder in Wandnähe usw.

Um überhaupt ein Spiel machen zu können, ist daher ein Minimum an Basistechniken Voraussetzung. Dennoch kann auch mit geringen technischen Fähigkeiten bereits eine Reihe von taktischen Überlegungen erfolgversprechend angewendet werden. Denn welcher Spieler will schon ein halbes Jahr Technik üben, ohne zu spielen? Die folgenden Abschnitte sind vor allem für die Spieler geschrieben, die mit Squash anfangen wollen oder erst über geringe Spielpraxis verfügen.

Wenn Sie soweit sind, ein Spiel machen zu wollen (ob mit oder ohne Zählen der Punkte), dann sollten Sie versuchen, die taktischen Grundregeln zu beachten und entsprechend ihren individuellen taktischen Möglichkeiten konzentriert anzuwenden.

Wenn Sie das Spiel nach den gültigen Regeln spielen wollen, ist es natürlich sinnvoll zu wissen, welche Bedeutung die unterschiedlichen Linien und Feldbereiche auf dem Court haben (vgl. Abb. 1 und Kapitel 9 „Regelanhang").

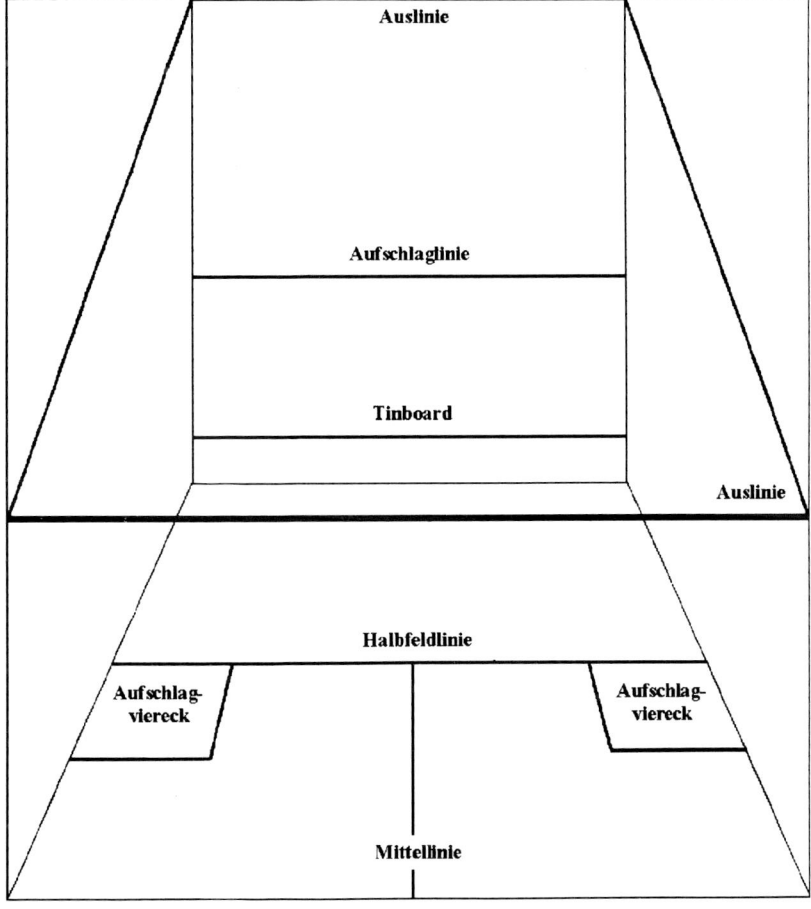

Abb. 1: Der Squashcourt

3.1.1 Die taktischen Grundregeln

Die Spielidee beim Squash besteht darin, den Ball so zu spielen, daß der Gegenspieler ihn nicht erreichen oder nur fehlerhaft zurückspielen kann. Generell ist es oft schwieriger, einen „Shot" zu machen, also den Ball unerreichbar zu spielen. Viel häufiger entstehen die Punkte aus fehlerhaften Rückschlägen.

Die erste taktische Grundregel lautet also:

(1) Fehler vermeiden

Fehler können durch druckvolles Spiel des Gegners entstehen, andererseits aber auch selbst verursacht sein. Um erfolgreich Fehler zu vermeiden, sollten Sie versuchen

- keine riskanten oder spektakulären Schläge aus schlechter Stellung zum Ball zu schlagen,
- generell möglichst konzentriert auf die Vermeidung von Fehlern zu achten (keine „unforced errors"),
- den Ball möglichst immer von unten nach oben (mit einer aufsteigenden Flugkurve) zu schlagen.

(2) T-Position einnehmen

Der Schlüssel zum erfolgreichen Squash-Spiel ist das Besetzen der T-Position, um von dort aus ein erfolgreiches Angriffsspiel zu entwickeln. Eigentlich ist die T-Position keine festgelegte Position auf dem Court, sondern eher ein Courtbereich, in dem, je nach Spielsituation, verschiedene Positionen eingenommen werden.

Von der T-Position haben Sie den kürzesten Weg in alle Ecken des Courts. Der Kampf um die T-Position ist also ganz entscheidend für ein erfolgreiches Spiel. Bei jedem Schlag sollten Sie versuchen, den Ball so zu spielen, daß der Gegenspieler die T-Position aufgeben muß, um den Ball zu erlaufen und Sie selbst die T-Position einnehmen können. Vermeiden Sie vor allem, den Ball unplaziert zu schlagen, so daß er in die Courtmitte (nahe der T-Position) zurückspringt. Damit machen Sie es für Ihren Gegner sehr einfach, den Ball zu spielen, ohne selbst die T-Position verlassen zu müssen.

TAKTIK UND TECHNIK DES EINZELSPIELS 17

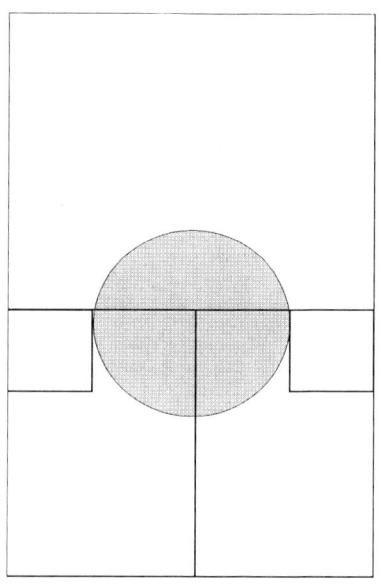
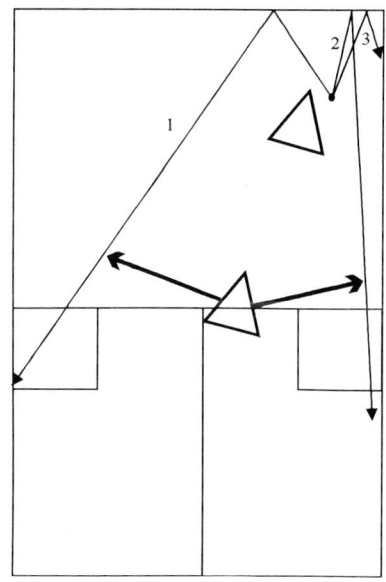

Abb.2 Abb.3

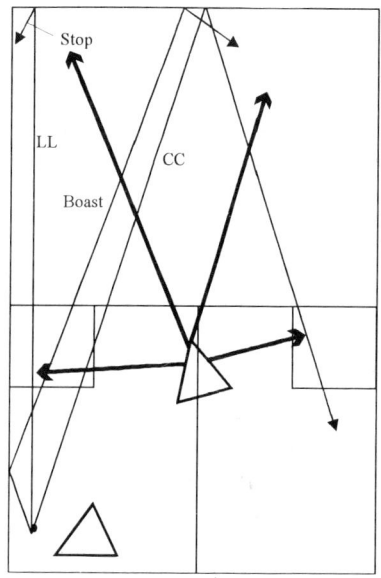

Abb. 4

Abb. 2: Bereich der T-Positionen

Abb. 3: Vordere T-Position in Abhängigkeit von der Schlagstellung des Gegners (Gegner im Vorcourt)

Abb. 4: Hintere T-Position in Abhängigkeit von der Schlagstellung des Gegners (Gegner im hinteren Courtbereich)

TAKTIK UND TECHNIK DES EINZELSPIELS

Wichtig ist es, die Stellung des Gegners auf dem Court und seine Schlagmöglichkeiten einzuschätzen. Postieren Sie sich bei einer vorderen T-Position ungefähr auf der Winkelhalbierenden im vermuteten Streubereich der gegnerischen Schläge. Wenn Ihr Gegenspieler sehr weit vorne im Court ist, rücken Sie also ebenfalls weiter nach vorn (Stoppbälle abdecken).

Schlägt Ihr Gegner aus den hinteren Ecken, wählen Sie ebenfalls eine hintere T-Position auf dem Court, um auf lange und kurze Schläge optimal vorbereitet zu sein. Das gleiche gilt für seitliche (rechte, linke Courtseite) Positionsverschiebungen.

(3) Ball beobachten und Gegenspieler bewegen

Um eine schnelle eigene Schlagvorbereitung und -ausführung zu ermöglichen, ist es erforderlich, zum frühestmöglichen Zeitpunkt zu erkennen, welchen Ball der Gegner spielt.

Dazu ist es notwendig, den Ballflug möglichst genau zu beobachten. Von ganz besonderer Bedeutung sind drei Beobachtungsphasen:

- Beobachten Sie den Augenblick, in dem Ihr Gegner den Ball schlägt (Beobachtung des Ballkontaktes auf dem Schläger).
- Beobachten Sie genau den Zeitpunkt der Wandberührung des Balles, da sich dort die Flugrichtung ändert (in der Regel: Einfallswinkel ungefähr gleich Ausfallswinkel).
- Auch vor dem eigenen Schlag beobachten Sie den anfliegenden Ball, um möglichst genau zu treffen.
- Die Beobachtung des Balles ist generell wichtig, um Orientierungprobleme auf dem Court zu vermeiden. Wer mit dem Blick dem Ball nicht folgt, sondern immer nur die Stirnwand im Visier hat, bekommt große Schwierigkeiten, den Ballflug richtig einzuschätzen und rechtzeitig zum Ball zu laufen.

Wenn es Ihnen gelingt, den Ball möglichst oft dorthin zu spielen, wo Ihr Gegenspieler gerade nicht steht, setzen Sie ihn ordentlich unter Druck (d. h. er muß viel laufen). Vor allem bei konditionell gleichstarken Spielern kommt es darauf an, den Gegenspieler möglichst zum Laufen zu bringen. Wer im Schnitt pro Ballwechsel einige Meter mehr laufen muß, wird natürlich eher unkonzentriert und müde, macht Fehler, spielt schwächere Rückschläge oder erreicht die Bälle nicht mehr. Eine Faustregel für das Bewegen des Gegenspielers lautet:

- Steht der Gegenspieler weit hinten auf dem Court, spiele ich kurze Bälle (Stopp, Boast).
- Steht der Gegenspieler weit vorne auf dem Court, spiele ich lange Bälle (Longline, Cross).

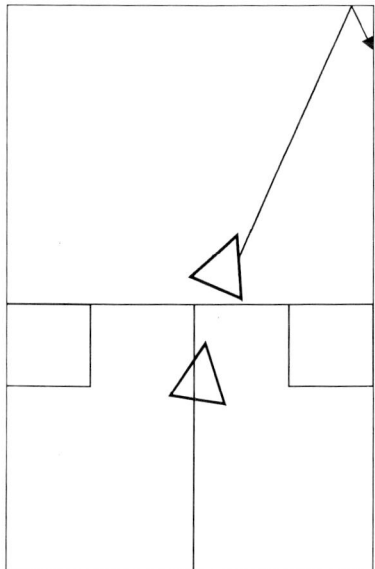 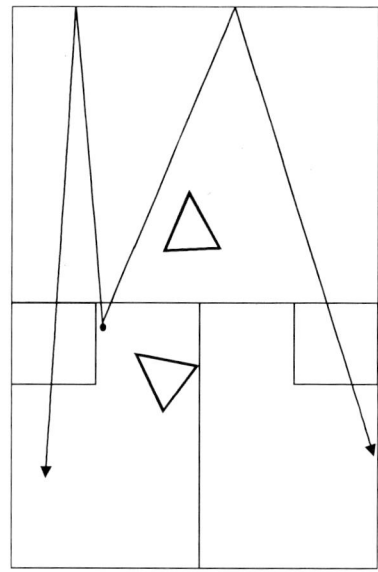

Abb. 5: Kurzer Ball gegen hinten postierten Gegner

Abb. 6: Lange Bälle gegen vorne postierten Gegner

(4) Behinderungen vermeiden

Beim Squash kommen häufig Behinderungen und gelegentlich Gefährdungen vor, die aus Unkenntnis der Spielregeln entstehen. Grundsätzlich muß der Spieler, der geschlagen hat, seinem Gegenspieler den Weg so freimachen, daß dieser in keiner Weise behindert wird (z. B. beim Ausholen oder beim Laufen zum Ball) und den Ball direkt auf die Stirnwand spielen kann. Als Faustregel kann gelten:
- Kann der Spieler nicht direkt zur Stirnwand spielen (Behinderung oder Stellungsfehler des anderen Spielers ohne Behinderung), erhält er den Punkt (vgl. Abb. 7). Der Ball sollte auf keinen Fall gespielt werden (nach dem Motto: „Ich treffe meinen Gegenspieler schon nicht").

20 TAKTIK UND TECHNIK DES EINZELSPIELS

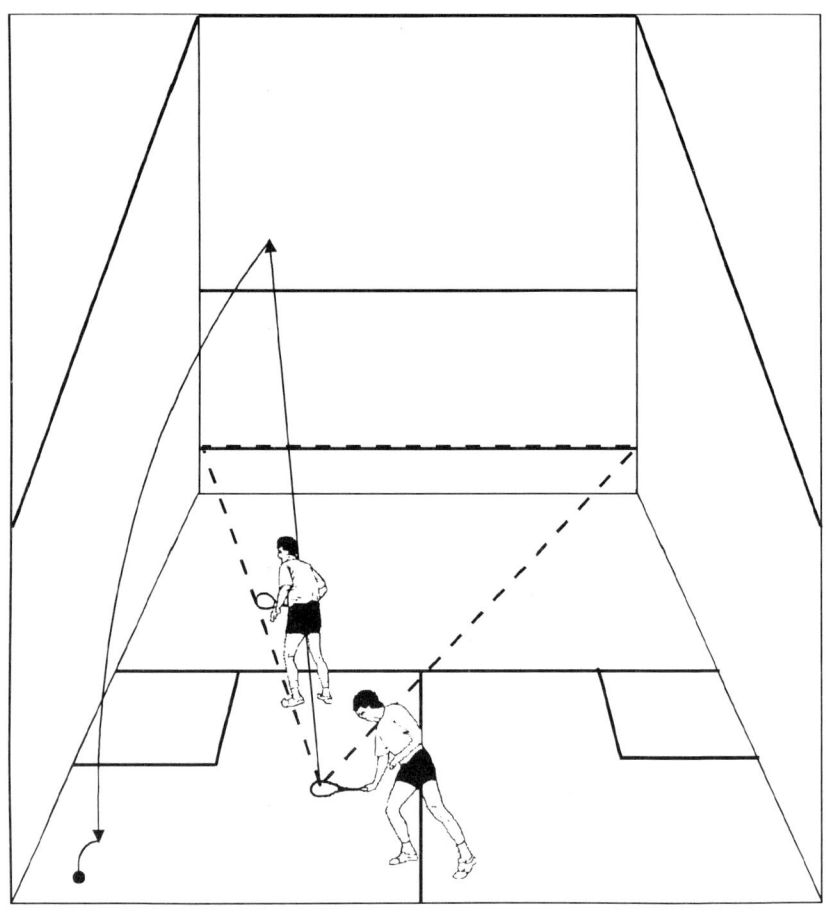

Abb. 7: Anwendungsbeispiel für die Punktregel

- Entstehen Behinderungen in weiterer Entfernung von der Schlagposition, wird der Ballwechsel wiederholt (Let-Regel). Immer gilt: Lieber auf einen Schlag verzichten, als einen Gegenspieler durch riskante Schlag- oder Laufbewegungen zu gefährden (vgl. hierzu genauer Kapitel 9).

(5) Gute Länge und Breite spielen

Beim Squash versuche ich, durch gezielte Schläge meinen Gegenspieler zum Laufen zu bringen und seine Schlagmöglichkeiten einzuschränken. Natürlich läßt sich z. B. ein Ball, der durch die Mitte des Courts fliegt, leichter schlagen, als ein Ball, der dicht an der Wand ist. Ebenso

Abb. 8: Punkt für den hinteren Spieler

können Bälle mit höherem Treffpunkt leichter druckvoll geschlagen werden, als Bälle, die ich knapp über dem Boden schlage. Und mit diesem Gedankengang sind wir schon bei „Guter Länge und Breite":
- „Gute Länge" zielt darauf ab, den Ball so in die hintere Courthälfte zu spielen, daß der Ball (vor oder nach dem Rückwandkontakt) nur mit einem sehr tiefen Treffpunkt geschlagen werden kann. Dadurch sind gefährliche Angriffsschläge kaum noch möglich.
- „Gute Breite" hat ein Schlag, wenn mein Gegenspieler den Ball (zu dem Zeitpunkt, wo er den Ball spielen möchte) nur dicht an der Wand spielen kann. Auch in diesem Fall sind keine druckvollen Angriffsschläge mehr möglich, der Ball kann (bei sehr guter Breite) oft nur mit dem Rahmen des Schlägerkopfes gespielt werden. Wer mit Squash anfängt, spielt natürlich noch keine perfekten Bälle, aber es lohnt sich, von Anfang an diese taktische Grundregel zu beachten und anzuwenden.

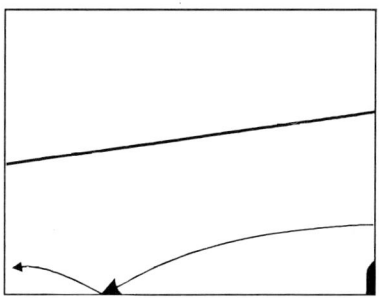

Abb. 9: „Gute Länge"

22 TAKTIK UND TECHNIK DES EINZELSPIELS

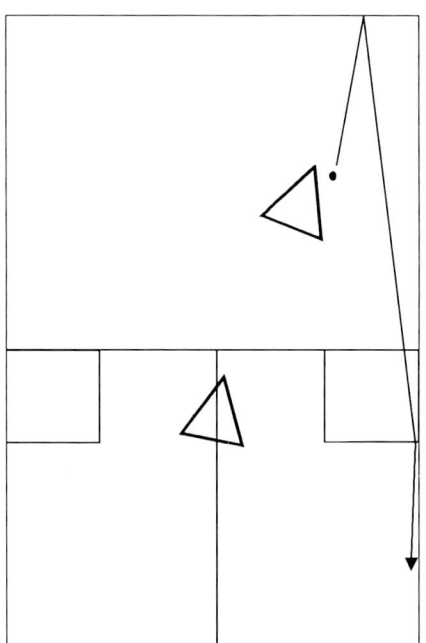

Abb. 10: „Gute Breite"

3.1.2 Taktisches Konzept und individueller Spielstil

Alle Squash-Spieler haben von Anfang an einen individuellen Spielstil, da die konditionellen, technischen und taktischen Voraussetzungen jeweils unterschiedlich sind und je nach persönlicher Vorliebe angewendet werden. Um alle Voraussetzungen optimal zu kombinieren, müssen die eigenen Stärken und Schwächen bekannt sein. Kombinieren Sie alle positiven Voraussetzungen und entwickeln Sie daraus ein Spielkonzept. Wer z.B. konditionell stark ist, versucht, den Ball möglichst lange im Spiel zu halten. Wer nur bestimmte Schläge einigermaßen kontrolliert spielen kann, versucht, alle unsicheren Schläge zu vermeiden und seine Taktik auf den sicheren Schlägen aufzubauen. Auch wenn es im Spiel bei weitem nicht immer gelingt, ein Spielkonzept durchzuhalten (schließlich kann ein Gegenspieler ja auf die gleiche Idee kommen), ist eine erste Möglichkeit geschaffen, das Spiel unter Beachtung der taktischen Grundregeln mit den eigenen Fähigkeiten zu gestalten. Und das macht neben den hohen physischen Anforderungen den Reiz des Squash-Spiels aus.

3.1.3 Taktik lernen: die wichtigsten Tips für Anfänger

In diesem Abschnitt wollen wir einige wichtige Taktiktips zusammenstellen, die einerseits im Spiel zu beachten sind, aber auch generell für den taktischen Lernprozeß (der übrigens auch bei Top-Spielern nie abgeschlossen ist) Bedeutsamkeit haben.

- Nehmen Sie sich nie zuviel vor, sondern konzentrieren Sie sich im Spiel auf die Anwendung weniger taktischer Regeln.
- Wenn etwas nicht gelingt, ärgern Sie sich nicht unnötig. Dadurch verlieren Sie die Konzentration für den nächsten Ballwechsel.
- Es gibt Tage, an denen vieles gelingt. Aber kein Spieler wird kontinuierlich von Spiel zu Spiel besser. Akzeptieren Sie auch mal eine schwächere Tagesform.
- Schlagen Sie sich vor dem Spiel ein und probieren Sie Ihr Schlagrepertoire durch.
- Versuchen Sie, den Ball sicher zu spielen. Vermeiden Sie das Erzwingen von Punkten mit riskanten Einzelschlägen.
- Spielen Sie „einfach" und beobachten Sie, von welchen Positionen auf dem Court Ihr Gegner schwache oder starke Bälle spielt.
- Spielen Sie den Ball möglichst nicht durch die Mitte, sondern in die Ecken des Courts und möglichst dicht an der Wand entlang.
- Spielen Sie möglichst präzise, d. h., nicht zu hart.
- Testen Sie Ihren Gegenspieler; manche Schläge von Ihnen wird er möglicherweise nicht so gut returnieren wie andere.
- Wenn Sie Aufschlag haben: Konzentration auf die Ausführung und sofortiges Aufrücken in die T-Position.
- Beim Aufschlagreturn: Versuchen Sie, einen möglichst sicheren Ball entlang der Seitenwand in den hinteren Courtbereich zu schlagen (gute Länge und Breite), damit Sie in die T-Position aufrücken können.

3.2 Das Spielkonzept für Fortgeschrittene

Eine scharfe Grenze zwischen Anfängern und Fortgeschrittenen ist kaum exakt zu ziehen und wäre immer willkürlich. Außerdem ist z.B. die Anwendung der taktischen Grundregeln auch im Fortgeschrittenenbereich weiterhin von Bedeutung. Die Entwicklung der Taktik verlagert sich jedoch mit zunehmender Spielstärke von Einzelaspekten des Spiels zu komplexeren taktischen Konzepten. Diese Stufe tritt meist dann ein, wenn Spieler beginnen, regelmäßig Wettkämpfe zu spielen (sei es in einer Freizeitliga, im Verein oder in Wettkampfligen der Squash-Verbände). Dieser Zeitpunkt kann nach 1-2 Jahren Spielerfahrung, aber auch erst nach 3-4 Jahren erfolgen. Mit zunehmendem Spielkönnen wird es für Sie immer wichtiger, sich mit den eigenen Möglichkeiten auf Gegenspieler einzustellen, also spezielle taktische Konzepte umzusetzen, um Spiele zu gewinnen. Die Spielidee bleibt dabei gleich, aber die Art zu spielen, ändert sich, da mit zunehmender Spielklasse die Ballwechsel länger andauern und das Erzielen direkter Punkte immer schwieriger wird.

Der Ball soll so gespielt werden, daß der Gegenspieler einen möglichst langen Laufweg zum Ball hat, unter Zeitdruck gerät und seinerseits weniger optimal retournieren kann, oder den Ball nicht mehr erreichen kann. Um den Ball immer weit weg vom Gegner zu spielen, benötigen Sie die Fähigkeit, von jeder Ecke auf dem Court in jede andere Ecke spielen zu können. Und das möglichst zielgenau, in Abhängigkeit von der jeweiligen Position des Gegenspielers. Dazu sind verschiedene Schläge notwendig. Die Summe der individuell zur Verfügung stehenden Schläge nennen wir das **Schlagrepertoire**.

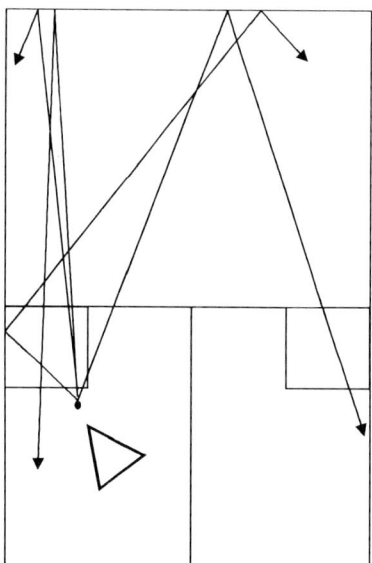 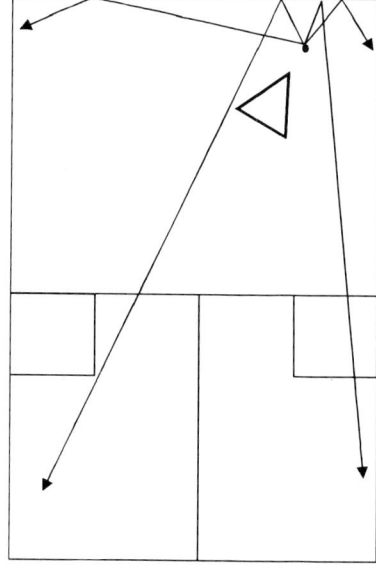

Abb. 11: Jede Ecke des Courts kann angespielt werden (aus dem hinteren Courtbereich).

Abb. 12: Jede Ecke des Courts kann angespielt werden (aus dem Vorcourtbereich).

Das soeben beschriebene Prinzip wird ergänzt durch das Spielen gegen die Laufrichtung. Wenn es Ihnen gelingt, den Ball zu einem Zeitpunkt zu spielen, zu dem Ihr Gegenspieler sich noch im Lauf zur T-Position befindet, spielen Sie den Ball auf den Punkt, wo Ihr Gegner losgelaufen ist. Kennzeichnend für das Spiel auf höherem Niveau ist die zunehmende Planmäßigkeit im Spielaufbau. Die taktischen Anforderungen des Squash-Spiels im Spektrum zwischen Angriff und Verteidigung können, wie folgt, beschrieben werden.

Taktische Grundsituationen und ihre Bedingungen im Squash

		Grundsituationen	Bedingungen
Angriff ↑ ↓ Verteidigung	1	Punkt machen	günstige Schlagposition (Gegner hat Ball schlecht gespielt)
	2	Punkt vorbereiten	Gegner steht schlecht
	3	taktisch günstige Position gewinnen; ungünstige vermeiden	T-Position kontrollieren, Gegner bewegen, auf schwachen Ball warten (siehe 1)
	4	gegnerischen Druck vermeiden	T-Position erobern, Gegner aus dem T treiben, ohne Risiko spielen
	5	gegnerischen Punkt verhindern	Tempo aus dem Spiel nehmen (Zeit gewinnen), Gegner aus dem T treiben
			verstärkte Laufarbeit, Zeit gewinnen

Abb. 13: Taktische Grundsituationen und ihre Bedingungen im Squash

Ausgangspunkt ist immer wieder der Kampf um die T-Position, von der aus versucht wird, das Spiel zu kontrollieren. Aus dem Bereich der T-Position ist es am ehesten möglich, risikolos Angriffsbälle zu spielen. Damit wird der Gegner beim

Return unter Zeitdruck gesetzt und seine Rückschlagmöglichkeiten werden begrenzt. Manchmal ist unter Zeitdruck nur noch ein einziger Rückschlag möglich, oft mit schlechter Schlagstellung, bei der die Rückkehr in die T-Position nicht sofort eingeleitet werden kann. Auf diese schwachen Verteidigungsschläge kann der Spieler in der T-Position nun seinerseits erneut angreifen, und irgendwann „kommt" der Punkt von alleine.

Das Angriffsspiel entwickelt sich also im Verlauf eines Ballwechsels aus vorbereitenden Schlägen. Das gleiche gilt für die Verteidigung. Unter extremem Druck wird es nur selten gelingen, mit einem riskanten Ball sofort in die Offensive zu kommen oder gleich den Punkt zu machen. Jedenfalls sollte ein Spielkonzept nicht so angelegt sein, sondern darauf, erst die T-Position zurückzuerobern, um von dort anzugreifen. Die Spielkonzepte des Basis- und Shotspiels stellen unter zusätzlicher Berücksichtigung der taktischen Grundregeln den allgemeinen Rahmen der Taktik dar.

Die konkrete Taktik ist aber genauso abhängig von den individuellen taktischen und technischen Fähigkeiten und denen des jeweiligen Gegners.

Alle Squash-Spieler entwickeln durch die Erfahrung aus Wettkämpfen einen individuellen Spielstil, mit dem sie versuchen, Spiele zu gewinnen. Ganz typisch ist dabei der bevorzugte Einsatz bestimmter Schläge, die gut beherrscht werden und die in Wettkämpfen oft zum Erfolg geführt haben. Dagegen ist nichts einzuwenden, solange das Spiel erfolgreich ist. Aber was tun, wenn ein Gegner sich auf diese Bälle einstellt, sie früh erreicht und seinerseits zu Angriffsschlägen nutzen kann? Dieses frustrierende Erlebnis, daß die vermeintlichen eigenen Stärken auf einmal zu Schwächen werden, kann nur durch den Einsatz zusätzlicher taktischer Mittel ausgeglichen werden. Benötigt werden folgende grundlegenden taktischen Überlegungen:

1) Die eigenen Stärken einsetzen, solange sie erfolgversprechend angewendet werden können.

Beispiel: Bei gleichbleibender Erfolgstendenz das erfolgreiche Spiel beibehalten und bis zum Ende führen. „Never change a winning game."

2) Die gegnerischen Schwächen erkennen und das eigene Spiel darauf einstellen können.

Beispiel: Sie testen Ihren Gegner im ersten Satz z. B. mit hohen, weichen Bällen in die hintere Courthälfte oder mit kurzen Bällen nach vorn usw. Beobachten Sie, wo sich eventuell Schwächen zeigen.

3) Die eigenen Schwächen möglichst vermeiden.

Beispiel: Sie haben z. B. Probleme mit Bällen in der hinteren Rückhandecke. Versuchen Sie, den Ball immer wieder auf die Vorhandseite zu spielen, um Ballwechsel auf der Rückhandseite zu umgehen.

4) Die gegnerischen Stärken möglichst vermeiden.

Beispiel: Ihr Gegenspieler verfügt über gute Angriffsschläge auf der Vorhand (z. B. Volley-Stops). Vermeiden Sie die Vorhandseite oder spielen Sie so hoch, daß Ihr Gegner in den hinteren Courtbereich laufen muß.

3.2.1 Das „Shotspiel"

Grob vereinfacht gibt es im Squash zwei taktische Konzepte. Bei dem einen versucht man, aus jeder sich bietenden Möglichkeit, einen Shot zu spielen, also einen unerreichbaren Ball, der im Idealfall das Nick (den Spalt zwischen Bodenbelag und Seitenwand) treffen soll. Wenn dies nicht gelingt, besteht allerdings ein hohes Risiko, daß aus dem (erhofften) guten Ball ein (real) schlechter Ball wird, der eine Einladung zum Gegenangriff darstellt. Das Shotspiel erfordert eine Reihe von Voraussetzungen und damit einen bestimmten Spielertypus.

Fähigkeiten für das Shotspiel
1. Überdurchschnittliche Präzision von Schlägen
2. Geringe Fehlerquote im Spiel
3. Shotvarianten, damit sich der Gegner nicht auf bestimmte Schläge einstellen kann
4. Schnelligkeit zum Ball
5. Sehr frühe Schlagvorbereitung
6. Fähigkeit, Shots auch in entscheidenden Situationen sicher anzuwenden

Abb. 14: Fähigkeiten für das Shotspiel

3.2.2 Das „Basisspiel"

Bei diesem taktischen Konzept kommt es darauf an, den Ball so zu spielen, daß der Gegner einen möglichst langen Laufweg in möglichst kurzer Zeit zurücklegen muß. Diese Taktik zielt darauf ab, dem Gegenspieler möglichst wenig Zeit für einen guten Rückschlag zu geben, ihn zu ermüden oder ungeduldig zu machen (und zu Fehlern zu verleiten). Wichtig ist, das Konzept möglichst über die Dauer des gesamten Spiels aufrechtzuerhalten.

Fähigkeiten für das Basisspiel
1. Sichere Grundschläge mit guter Länge und Breite
2. Gute konditionelle Voraussetzungen
3. Minimale Fehlerquote im Spiel
4. Fähigkeit, abwarten zu können
5. Langzeitkonzentration.

Abb. 15: Fähigkeiten für das Basisspiel

3.2.3 Taktisches Konzept und individueller Spielstil

Keines der beiden Konzepte wird in der Praxis in „Reinkultur" gespielt. Meistens besteht der individuelle Spielstil aus mehr oder weniger Anteilen beider Konzepte. Dies hat unterschiedliche Gründe:
- Die meisten Spieler auf unterem und mittlerem Wettkampfliganiveau sind technisch nicht so perfekt, sondern haben deutliche Schwächen oder auch Stärken bei einzelnen Schlägen oder taktischen Finessen.
- Die unterschiedlichen Schlagmöglichkeiten auf der Vorhand- bzw. Rückhandseite (die meisten Spieler haben typische Vorhandstärken und Rückhandschwächen) begrenzen die Umsetzung taktischer Konzepte.
- Oft haben Spieler ein oder zwei schwache Schläge (z. B. keine Volleys aus der hinteren Rückhandecke), so daß die Taktik ganz darauf abgestellt wird, diese Schwächen anzuspielen und nach schlechten Returns anzugreifen.

3.2.4 Taktik erweitern: die wichtigsten Tips für Fortgeschrittene

Die taktischen Tips für Fortgeschrittene bauen auf den unter 3.1.3. vorgestellten Tips für Anfänger auf. Entscheidend für eine erfolgreiche Umsetzung im Wettkampf ist Erfahrung in der Erprobung und Anwendung von taktischen Mitteln, z. B. durch Üben und Trainingsspiele.

Versuchen Sie, das Spieltempo zu bestimmen und so zu gestalten, daß es für Ihr Spiel optimal ist.
Auch fortgeschrittene Spieler begehen häufig den Fehler, ein vom Gegner vorgelegtes Spieltempo um jeden Preis „mitzugehen". Spielen Sie möglichst das Tempo, das Ihren spielerischen und konditionellen Möglichkeiten für die Dauer des Gesamtspiels entspricht.

Die Kondition für das ganze Spiel einteilen.
Wenn Sie nach zwei Sätzen „platt" sind, können Sie trotz einer 2-0 Führung noch 2-3 verlieren. Spielen Sie im frühen und mittleren Stadium eines Spiels nie bis an Ihre physische Leistungsgrenze. Wenn Sie ein Bewußtsein für die Grenze vor der absoluten Leistungsgrenze entwickeln, können Sie das Spieltempo so gestalten, daß Sie auch im 5. Satz noch konzentriert sind und laufen können.
Erhöhen Sie das Spieltempo in taktisch günstigen Situationen.
Taktische Mittel, um bei vorteilhaften Situationen das Spieltempo zu erhöhen sind: alle Volleys, generell frühes Schlagen des Balles, harte Schläge.

Senken Sie das Spieltempo in unvorteilhaften Situationen.
Taktische Mittel, um Spieltempo und Druck abzusenken sind: hohe, weiche Longlinebälle aus dem vorderen bzw. hinteren Courtbereich, Lobs (cross und gerade) aus dem vorderen Courtbereich.

Spielen Sie weich und hart.
Versuchen Sie, die Spielweise Ihres Gegners zu durchbrechen und ihm einen anderen Rhythmus vorzugeben. „Klopper", die nur hart spielen, sind eigentlich die dankbarsten Gegner. Nutzen Sie die Schlaghärte des Gegners und „schieben" Sie die Bälle ohne viel Aufwand nach dem Konzept des Basisspiels. Ihr Gegner muß nun noch stärker auf den Ball „prügeln", um seine normale Schlaghärte zu erreichen. Das macht auf Dauer müde und führt vermehrt zu Fehlern. Würden Sie

selbst „mitprügeln", könnte Ihr Gegner Ihre schnellen Bälle noch zusätzlich beschleunigen.

Gegen Spieler, die nur weich spielen, sollten Sie „einen Zacken drauflegen". Das, was ein Spieler an Tempo (hart oder weich) vorgibt, entspricht meist seiner bevorzugten und stärksten Art, zu spielen. Wenn Sie diesen Rhythmus stören, wird sich Ihr Gegner nicht mehr so wohl fühlen und weniger stark spielen.

Spielen Sie gute Breite und Länge.

„Gute Breite" ist fast noch wichtiger als „gute Länge". Bei guter Breite wird der Ball so gespielt, daß er zum Zeitpunkt, wo der Gegner ihn erreichen kann, möglichst lange dicht an der Wand „klebt". Diesen Effekt erreichen Sie eher mit weichen als mit harten Bällen. Dadurch werden alle Rückschlagmöglichkeiten empfindlich gestört, da direkt an der Wand oft nur Notschläge, aber selten Angriffsschläge möglich sind. Ohne gute Breite nutzt gute Länge kaum etwas. Mit guter Länge und Breite wird ein Gegenspieler hinten im Court gehalten. Von dort sind Angriffsschläge nicht so effektiv (und oft überhaupt nicht möglich), da der Treffpunkt des Balles niedrig ist und der Ballweg zur Stirnwand lang, d. h. Sie haben mehr Zeit für die eigene Schlagvorbereitung und mehr taktische Möglichkeiten. Gute Breite in Verbindung mit guter Länge aus dem vorderen Courtbereich ist vor allem wichtig, um einen Gegenspieler im T zu passieren.

3.3 Technik lernen und anwenden. Vom Anfänger zum Fortgeschrittenen

In diesem Kapitel werden die Basistechniken, die Grund- und Spezialschläge vorgestellt, also alles, was das Squash-Spiel technisch ausmacht. Wenn von Technik gesprochen wird, sind immer Schlag- und Lauftechnik gemeint. Die Darstellung dieses Bereichs erfolgt in zwei Schritten.

(1) Zunächst werden alle grundlegenden Basistechniken vorgestellt. Dies sind vor allem die technischen Elemente, die als Voraussetzungen für alle Schläge wichtig, und bei der Anwendung auf dem Court von grundsätzlicher Bedeutung sind. Hier werden auch Hinweise gegeben, wie die in der Praxis hauptsächlich zu beobachtenden Fehler vermieden werden können.

(2) Im daran anschließenden Teil werden die wichtigsten Grundschläge vorgestellt und spezifische Hinweise zu ihrer Ausführung in ihren z.T. unterschiedlichen Varianten erläutert.

(3) Abschließend finden Sie die wichtigsten Tips für das Erlernen und Erweitern der Schlag- und Lauftechniken.

3.3.1 Die Basistechniken

(1) Griff und Schlägerhaltung

Eine wesentliche Voraussetzung für die Anwendung der Basistechniken ist die richtige Griffstärke. Wenn Sie Ihren Schläger mit festem Griff in die Hand nehmen, dürfen Mittel- und Ringfinger nicht Druck auf den Ballen des Daumens ausüben. Ist dies dennoch der Fall, ist der Griff zu dünn, der Schläger verrutscht beim Schlagen, da er auch bei festem Griff nicht

Abb. 16: Die richtige Griffstärke

gehalten werden kann. In diesem Fall wickeln Sie einfach ein zusätzliches Griffband um den Griff (oder ggf. zwei). Allerdings soll zwischen Daumenballen und Mittel- bzw. Ringfinger kein großer Abstand sein. In diesem Fall wäre der Griff zu dick und Sie benötigen unverhältnismäßig viel Kraft, um den Schläger mit fixiertem Handgelenk halten zu können.

Eine weitere wichtige Voraussetzung für das Lernen einer richtigen Squash-Technik sind Griff- und Fingerhaltung. Am besten nehmen Sie den Schläger so in die Hand, wie Sie jemandem die Hand geben, wenn Sie ihn begrüßen. Halten Sie den Schläger so, daß der Zeigefinger vor dem Daumen liegt und Sie auf den Rahmen und nicht auf die Schlagfläche sehen. Viele Spieler wählen eine leicht bis stark geschlossene Schlägerhaltung („Bratpfannengriff"). Damit wird zwar der Ball zunächst einfacher getroffen, aber diese Griffhaltung führt dazu, daß auf der Vorhand viele Bälle tief geschlagen werden und auf der Rückhand aus dem Handgelenk gespielt wird. Wenn der Zeigefinger vor dem Daumen liegt, vermeiden Sie den „Hammergriff", bei dem die Kontrolle des Balles schwieriger ist. Zum Festhalten des Schlägers brauchen Sie tatsächlich nur die anderen vier Finger, der Zeigefinger dient der Führung des Schlages.

Abb. 17: Schlägerhaltung parallel zum Boden

Abb. 18: Schlägerhaltung mit „hängendem" Schlägerkopf

TAKTIK UND TECHNIK DES EINZELSPIELS 33

Die Schlägerhaltung dient dazu, den Schläger möglichst parallel zum Boden zu führen, was für die Grundschläge überwiegend von großer Bedeutung ist. Wenn Sie den Schläger so halten, daß der Schlägerkopf sich auf einer Höhe mit Ihrer Hand befindet, haben Sie zwischen Unterarm und Schläger einen Winkel von ca. 120°. Das Handgelenk ist nun gebeugt und nicht mehr gestreckt. Bei einem gestreckten (hängenden) Handgelenk würde der Schlägerkopf zum Boden zeigen. Mit gebeugtem und fixiertem Handgelenk kann der Schläger parallel zum Boden geführt werden. In der folgenden Tabelle wird ein Überblick über die wesentlichen Basistechniken gegeben.

Technikbereich	Technikaspekt	Hauptfehler	Korrektur
Griff und Schlägerhaltung	Griffstärke Griffhaltung Fingerhaltung Schlägerhaltung	zu dünner Griff „Bratpfannengriff" „Hammergriff" Handgelenk gestreckt	zusätzliches Griffband Shake-Hands-Griff Zeigefinger vor Daumen Handgelenk gebeugt und fixiert (ca. 120° zwischen Unterarm und Schläger)
Schlagen	Schlagvorbereitung Schwung Handgelenk Ausschwung	Ausholen kurz vor dem Schlag zuviel Kraft, zu kurzer Schwung locker, zu gestreckt zu viel Rotation um den Körper	beim Loslaufen ausholen schwungvolles, lockeres Schlagen Handgelenk zum Handrücken beugen und fixieren Schlag in Richtung des abfliegenden Balles weiterführen und abbremsen
Laufen	Ausgangsstellung Lauf zur Schlagposition Schlagstellung Ausfallschritt Lauf zur T-Position	gestreckte Beine, keine Vorspannung Schlag aus dem Laufen - zu dicht am Ball - frontale Stellung zu kurzer Ausfallschritt nach dem Schlag keine Rückwärtsbewegung	Vorspannung und schnelle Startmöglichkeit durch gebeugte Beine Laufweg abbremsen (Ausfallschritt) und schlagen - Reichweite nutzen - seitliche Stellung langer Ausfallschritt Abstoßen in den Rückwärtslauf aus dem Ausfallschritt Rückwärtslauf bis in T-Position

Abb. 19: Basistechniken

(2) Basistechniken beim Schlagen

Die Schlagvorbereitung findet bei Anfängern meistens viel zu spät statt. Sie laufen erst zum Ball und holen dann aus, so daß sie den Schlag unter hohem Zeitdruck und mit dem Risiko des ungenauen Treffens ausführen. Außerdem wird durch das späte Ausholen der Ball häufig viel zu dicht angelaufen. Holen Sie in dem Augenblick aus, in dem Sie zum Ball starten und laufen Sie den Ball seitlich versetzt an, um Ihre Reichweite nutzen zu können.

Abb. 20: Genügend Abstand zum Ball in der Schlagstellung

Der richtige Schwung ist das Kernstück jedes Squash-Schlags. Wenn Sie den Schläger mit Schwung beschleunigen, können Sie ohne großen Kraftaufwand hart und plaziert schlagen. Wichtig sind das Drehen und Strecken des Unterarms. Dieser Teil des Schwungs wird bei den meisten Schlägen parallel zum Boden oder leicht auf- bzw. abwärts ausgeführt. In der Phase der Unterarmvorspannung zeigt nicht die Schlagfläche, sondern der Rahmen auf den Ball. Durch die Drehung des Unterarms wird die Schlagfläche zum Ball geöffnet und der Ball getroffen.

Beim Vorhandschlag erfolgt zuerst eine Drehung des Unterarms nach außen (Supination), um Vorspannung zu erzeugen, mit anschießender Drehung nach innen (Pronation), um zu beschleunigen. Auf der Rückhand wird der Unterarm zuerst nach innen gedreht (Pronation) und bei der Beschleunigung nach außen (Supination).

TAKTIK UND TECHNIK DES EINZELSPIELS

Abb. 21: Vorhand   *Abb. 22: Rückhand*

Alle Kriterien eines guten Schwungs sind in der folgenden Tabelle noch einmal zusammengefaßt:

KRITERIEN FÜR EINEN GUTEN SCHWUNG

- früh ausholen
- den Schläger mit geöffneter Schlägfläche zum Treffpunkt beschleunigen
- den Schlägerkopf durch Drehung des Unterarms bei gleichzeitiger Streckung des Arms zum Treffpunkt bringen
- den Ball mit fixiertem Handgelenk treffen
- den Schwung in Schlagrichtung fortsetzen (keine Rotation) und aktiv abbremsen
- seitliche Stellung zum Ball einnehmen und Seitabstand halten
- ohne übermäßigen Kraftaufwand schwungvoll schlagen

Abb. 23: Kriterien für einen guten Schwung

Über den Einsatz des Handgelenks beim Squash-Spiel ist viel erzählt und geschrieben worden. Richtig ist, daß das Handgelenk bei ca. 90% aller Schläge fixiert werden sollte. Handgelenk und Hand stellen die Verbindung zwischen Schläger und Arm dar. Die Beschleunigung des Schlägers erfolgt wesentlich aus Ober- und Unterarm. Aus dem Handgelenk kann die Beschleunigung des Schlägers zusätzlich erhöht werden oder dem Ball im letzten Augenblick eine andere Richtung gegeben werden. Wohlgemerkt, mit kontrolliertem Handgelenkseinsatz.

Und damit sind wir beim Problem: Nur geübte Spieler sind dazu in der Lage, einen Handgelenkseinsatz kontrolliert durchzuführen. Für die „normalen" Freizeit-Squasher" gilt: Das Handgelenk ist die schwächste Stelle bei der Kraftübertragung auf den Ball, daher sollte das Handgelenk im Treffpunkt fixiert sein. Sie werden in Folge deutlich härtere Schläge ausführen, die Genauigkeit der Schläge nimmt zu und das wiederum bringt mehr Spaß beim Spiel. Ein ständig lockeres Handgelenk kann darüber hinaus zu gesundheitlichen Problemen (Sehnenscheidenentzündung im Handgelenk, ggf. „Tennisarm") führen, wenn ständig unkontrolliert starke Kräfte auf das Handgelenk wirken.

Abb. 24: Fixiertes Handgelenk zu Beginn der Schlagbewegung

Beim Ausschwung treten bei Anfängern ganz typische Probleme auf. Meist wird der Ausschwung nicht in Richtung des abfliegenden Balles weitergeführt, sondern kreisförmig um den Körper herumgeschlagen. Dadurch werden Treffhäufigkeit und Treffgenauigkeit eingeschränkt. Versuchen Sie sich klarzumachen, daß ein Ball, der in eine bestimmte Richtung geschlagen werden soll, einen entsprechenden Schlagimpuls braucht. D. h. der Schlägerkopf muß in die gewünschte

Abflugrichtung beschleunigt werden und in der Treffphase aus einer kreisförmigen in eine gerade Beschleunigungslinie gebracht werden. Dies geschieht, wenn Sie darauf achten, beim und nach dem Schlag den Schwung in Richtung des abfliegenden Balles zu führen.

Abb. 25: Ausschwung in Schlagrichtung

(3) Basistechniken beim Laufen

Squash ist ein Spiel, bei dem häufig schnelle Starts erforderlich sind, um Bälle noch erreichen zu können. Bei schnellen Starts ist immer eine Vorspannung notwendig, um zu beschleunigen.

Stellen Sie sich so in die T-Position, daß die Beine im Augenblick des gegnerischen Schlages leicht gebeugt sind, damit Sie die Vorspannung für einen schnellen Start haben. Wer völlig aufrecht steht, muß vor dem Start erst den Körperschwerpunkt absenken, um schnell starten zu können. Dadurch geht Zeit verloren, die beim Erreichen des Balles fehlen kann.

Abb. 26: Vorspannung in der Ausgangsposition

Von der Ausgangsposition wird die Schlagposition angelaufen. Der Lauf zum Ball wird vor dem Schlag abgebremst und endet mit einem Ausfallschritt, mit dem der Spieler zum Stand kommt. Stehen und Schlagen finden nahezu gleichzeitig statt. Der Körperschwerpunkt sollte nicht zu weit nach vorne verlagert werden, der Winkel zwischen Ober- und Unterschenkel nie kleiner als 90° sein. Wer aus dem Lauf schlägt, verfügt über weniger Kontrolle beim Schlag und verliert Schlagpräzision. Wenn es nicht gelingt, den Laufweg bis zum Stand abzubremsen, wird häufig ein zu kleiner Ausfallschritt gemacht. Dadurch kann das Körpergewicht nicht abgefangen werden, und die Spieler kippen nach vorn in den Schlag. Die Schlagstellung ist dann nicht ausbalanciert. Ferner hilft ein großer Ausfallschritt, eine zu dichte Stellung zum Ball zu vermeiden, bei der die eigene Reichweite nicht nur nicht genutzt werden kann, sondern behindert, weil viel zu dicht am Körper mit hängendem Schlägerkopf geschlagen wird.

Abb. 27: Ausfallschritt

Aus dem großen Ausfallschritt wird direkt nach dem Schlag die Rückwärtsbewegung in die T-Position eingeleitet. Vermeiden Sie das lange Innehalten in der Schlagposition, Sie laden Ihren Gegenspieler damit ein, den Ball so zu spielen, daß Sie ihn beim nächsten Schlag nicht erreichen. Starten aus der Ausgangsposition in die Schlagposition, schlagen und Rückwärtsstart in die T-Position folgen ohne Pause aufeinander. Wenn überhaupt, haben Sie nur in der T-Position ein wenig Zeit zum Verschnaufen.

3.3.2 Das Schlagrepertoire der Grundschläge

Um beim Squash den Ball von jeder Position auf dem Court in jeden Feldbereich schlagen zu können, sind folgende Schläge notwendig.

(1) Der Longlineball

Dieser Schlag wird beim Squash am häufigsten gespielt. Er kann sowohl aus dem vorderen, mittleren und hinteren Feldbereich gespielt werden. Die Flugbahn verläuft parallel oder annähernd parallel zum Boden (flache und harte Schläge) oder weich und hoch parallel zur Seitenwand (gute Breite). Die Absicht bei diesem Schlag besteht darin, den Gegner zu passieren und damit nur noch Rückschläge aus der hinteren Ecke zu ermöglichen. Dazu ist es notwendig, dem Ball „gute" Länge zu geben. Er soll in der Regel kurz hinter der Aufschlagbox aufspringen, damit ein Gegenspieler den Ball in der Nähe der Rückwand nur auf niedriger Treffhöhe spielen kann. Dadurch werden die Schlagmöglichkeiten für gefährliche Rückschläge eingeschränkt.

Die Schlagstellung zum Ball soll beim Schlagen folgendermaßen aussehen: Der Oberkörper ist parallel zur Seitenwand ausgerichtet, das linke Bein (Vorhandschlag für Rechtshänder) ausgestellt in Richtung Treffpunkt des Balles, der Ball wird auf Höhe des vorderen Fußes getroffen. Dabei müssen, je nach Treffhöhe, die Knie und der Oberkörper gebeugt sein (je niedriger der Ball fliegt, um so stärker beugen, da Hand und Schlägerkopf beim Schlag parallel zum Boden geführt werden).

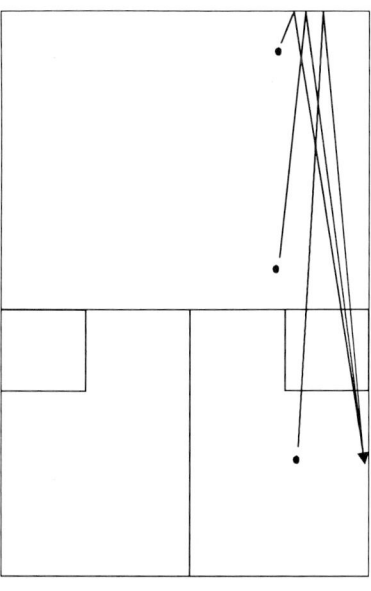

Abb.28:
Longlinebälle aus unterschiedlichen Positionen auf dem Court

(2) Der Crosscourtball

Dieser Schlag wird gespielt, um den Ball auf die andere Spielfeldseite zu spielen, z. B. um einen Gegenspieler auf der Rückhandseite in der hinteren Ecke anzuspielen, oder gegen die Laufrichtung zu spielen. Der Crosscourt kann ebenfalls aus dem vorderen, mittleren und hinteren Courtbereich gespielt werden. Wichtig ist die gute Breite, in diesem Fall der Punkt, wo der Ball die Wand berührt. Der Crosscourt kann auch als Aufschlagreturn bedeutsam sein, wenn Ihr Gegenspieler nach dem Aufschlag noch im Lauf zum T ist oder seine Stellung im T seitlich einnimmt, so daß er eine 180°-Drehung machen muß, um den in seinen Rücken gespielten Ball anzulaufen.

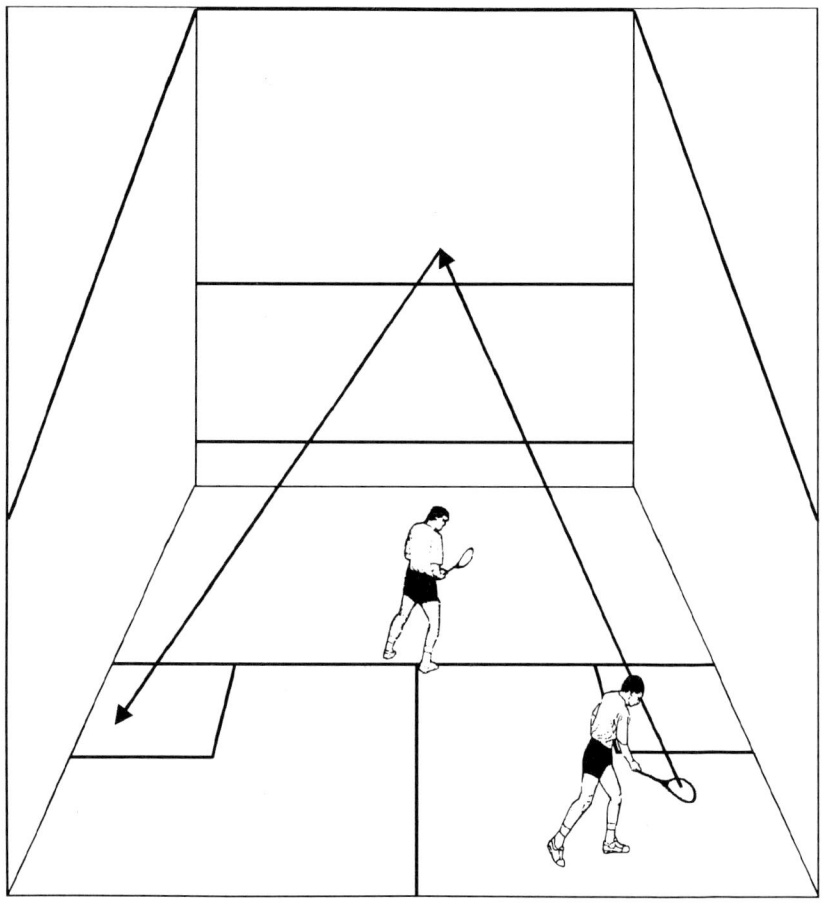

Abb. 29: Crosscourt aus dem hinteren Courtbereich

(3) Der Boast

Der Schlag wird überwiegend aus dem hinteren Bereich des Courts gespielt, aber auch (selten eingesetzt) als Überraschungsangriffsball in eine der vorderen Ecken. Der Boast ist bei Anfängern oft ein Verteidigungsschlag, weil sie den Ball nicht als Longline auf die hintere Ecke retournieren können. Unterschieden werden im wesentlichen 2- und 3-Wand Boasts. Mit dem Boast wird der Ball auf die andere Spielfeldseite in den vorderen Feldbereich gespielt.

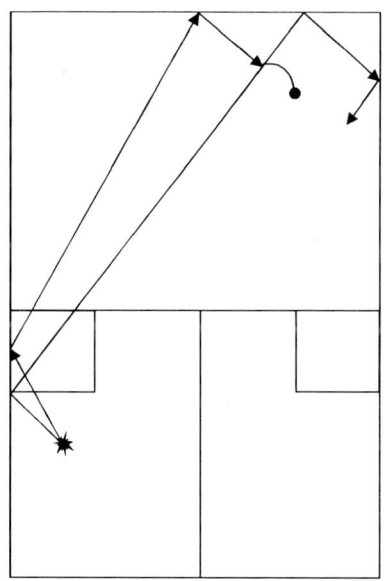

Abb. 30: 2-Wand und 3-Wand-Boast

Der 2-Wand-Boast hat eine kürzere Flugbahn und hat bereits zweimal den Boden berührt, bevor er die Seitenwand trifft. Wird er schnell und flach geschlagen, ist er ein sehr effektiver Ball für die Angriffsvorbereitung und um den Gegner laufen zu lassen. Wird dieser Ball häufiger eingesetzt, muß Ihr Gegner körperlich hart arbeiten, um den Ball schnell genug zu erreichen, daher wird dieser Ball im Mutterland des Squashs auch „Working Boast" genannt. Wichtig ist, daß der Ball nicht zu weit und zu hoch in den Court zurückspringt, da sonst die Laufbewegung für den Gegner kürzer wird und er den Ball hoch treffen kann (Gefahr von Angriffsschlägen).

Der 3-Wand-Boast hat eine längere Flugbahn und kann Ihnen – wenn er höher und weicher gespielt wird – genügend Zeit verschaffen, um wieder in die T-Position aufzurücken.

(4) Der Stoppball

Dieser Schlag ist ein direkter Angriffsschlag oder ein den Angriff vorbereitender Schlag, der den Gegenspieler weit aus dem T in eine der vorderen Spielfeldecken zwingt. Bevorzugt wird der Stop aus dem Bereich der T-Position gespielt, kann aber auch als Antwort auf einen schwächeren Stop des Gegners (Gegenstop) oder als Überraschungsball aus dem hinteren Bereich gespielt werden. Der Stop ist ein eher weich geschlagener, kurzer Ball, der mit einem verkürzten Ausschwung gespielt wird, um die Geschwindigkeit aus dem Ball zu nehmen. Könner spielen den Ball mit mehr Schwung und extrem viel Unterschnitt.

Für den Stop gilt das gleiche wie für den Boast: Wird der Ball kurz und flach gespielt, ist der Stop ein guter Angriffsball, wird er zu hoch gespielt und springt zu weit in den Court zurück, eröffne ich meinem Gegner Angriffsmöglichkeiten.

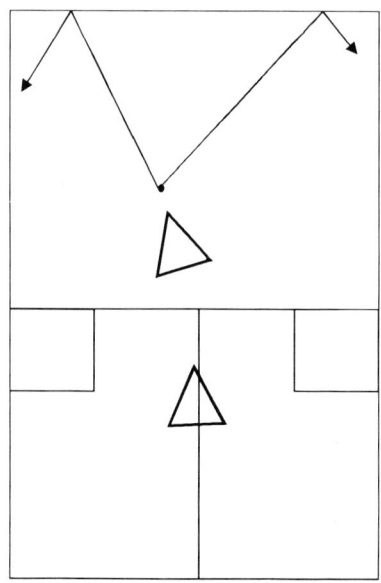

(5) Der Aufschlag

Abb. 31: Stoppbälle aus dem Vorcourt

Beim Squash gibt es eine Reihe von Aufschlagvarianten, die jedoch z.T. viel Übung erfordern. Am effektivsten ist ein hoher, weicher Aufschlag, mit dem die gegenüberliegende, hintere Ecke des Gegenspielers angespielt wird. Der Vorteil des hohen, weichen Aufschlags liegt darin, daß der Ball in der hinteren Ecke wenig Geschwindigkeit hat und nicht hoch abspringt. Das erschwert gefährliche Returns. Demgegenüber sind die harten (z.T. Überkopf, wie beim Tennis) Aufschläge weniger effektiv, da der Ball zu weit von der Rückwand abspringen kann und bei entsprechender Reaktionsfähigkeit zu vielfältigen Returns führt. Ideal ist es, die Flugbahn so zu wählen, daß der Ball die Seitenwand – etwa auf Höhe des Gegners – hoch trifft und dann in die Hinterecke fällt. So werden auch Volley-Returns erschwert.

Der Treffpunkt an der Wand befindet sich ca. einen Meter unterhalb der oberen Auslinie. Wird der Aufschlag an der Seitenwand ins Aus gespielt, muß der Treffpunkt an der Stirnwand weiter nach rechts (bei Aufschlag von rechts) verlagert werden.

TAKTIK UND TECHNIK DES EINZELSPIELS 43

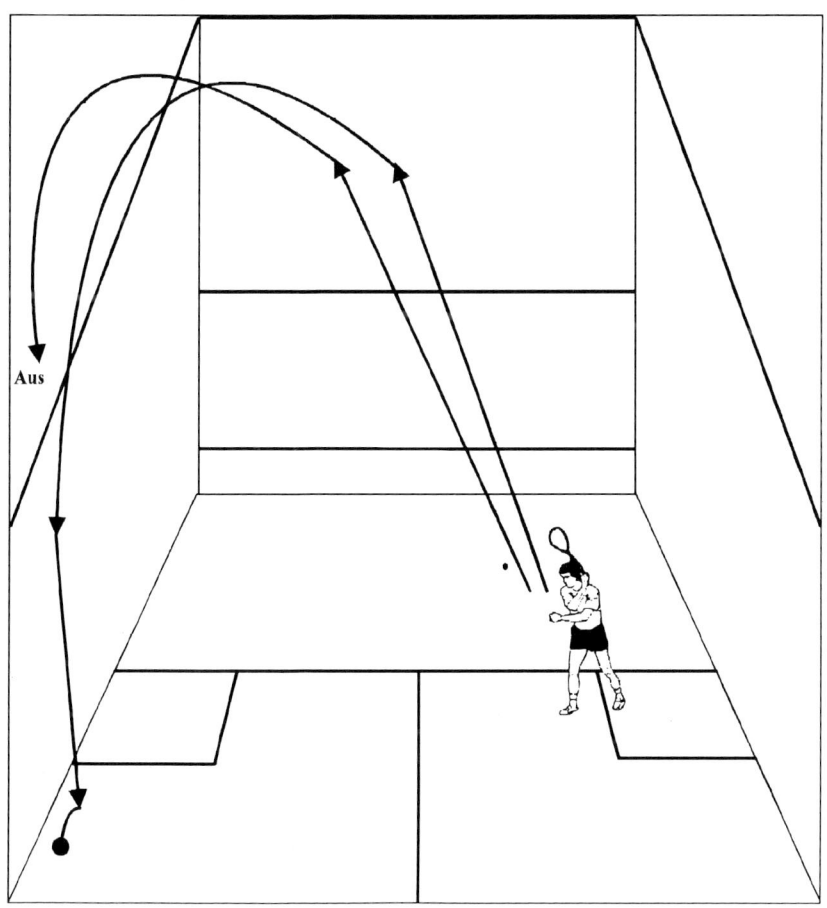

Aus

Abb. 32: Der Rückhandaufschlag (Rechtshänder)

44 TAKTIK UND TECHNIK DES EINZELSPIELS

Abb. 33: Der Vorhandaufschlag

(6) Der Lob

Dieser Schlag wird unter Zeitdruck aus der vorderen Courthälfte gespielt, ist aber kein reiner Verteidigungsschlag. Zwar ist zunächst das Ziel, den Ball über die Reichhöhe des Gegners zu spielen, damit er keinen Angriffsball vom T aus spielen kann.

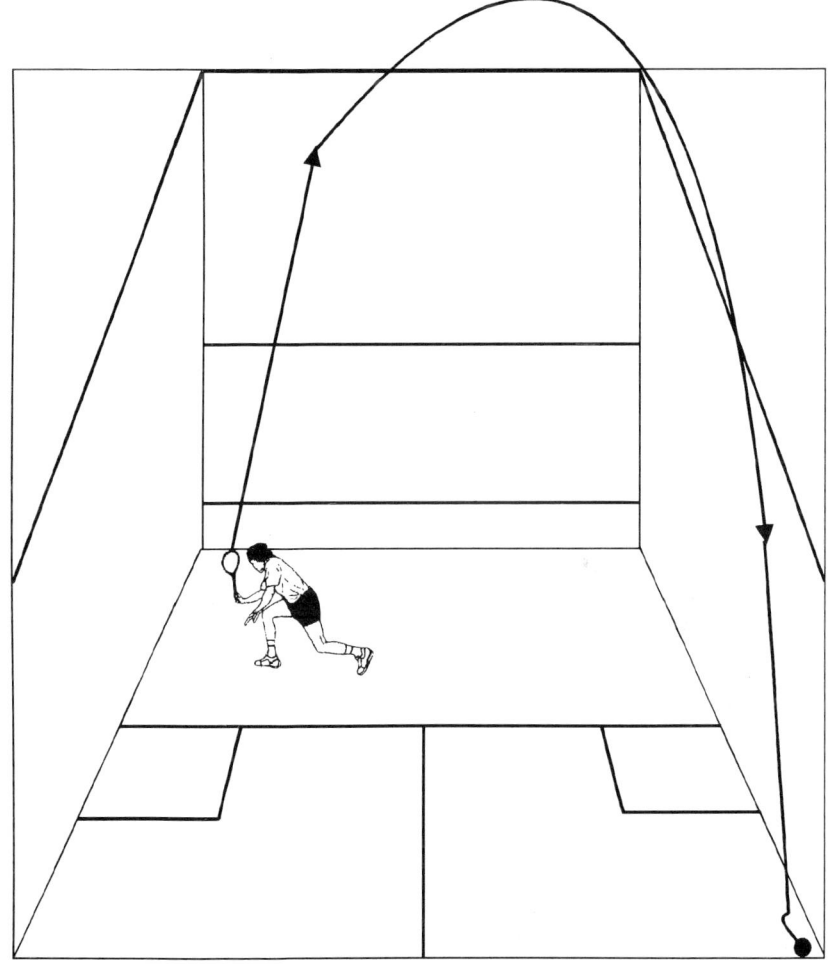

Abb. 34: Der Rückhandlob (Cross)

Ein gut gespielter Lob wird ähnlich wie der Aufschlag gespielt und kann den Gegenspieler in der hinteren Ecke vor große Probleme beim Rückschlag stellen.
Wichtig bei der Ausführung ist es, mit dem Schlägerkopf weit unter den Ball zu kommen, damit er steil nach oben gegen die Stirnwand gespielt werden kann. Also die Knie tief beugen.

Abb. 35: Durchschwung (beim Lob wird der Schlägerkopf weit nach vorne oben geführt)

(7) Spiel aus der hinteren Ecke

Beim Spiel aus der hinteren Ecke gibt es verschiedene Schlagmöglichkeiten und einige technische Besonderheiten hinsichtlich der Schlagstellung und des Schwungs. Die Standardschläge sind Boast oder Longline. Dem Longline ist dabei eindeutig der Vorzug zu geben. Obwohl er etwas schwieriger zu spielen ist, sollten Sie von Anfang an versuchen, so zum Ball zu stehen, daß auch ein Longlineball möglich ist. Wer aus der hinteren Ecke nur mit einem Boast retournieren kann, ist für Gegenspieler zu leicht auszurechnen. Beachten Sie beim Spiel aus der hinteren Ecke folgende Hinweise: Versuchen Sie, genau einzuschätzen, wohin Sie den Ball schlagen wollen. Folgende Möglichkeiten kommen in Betracht:

Fall 1
Ihr Gegner hat einen Longline gespielt, der parallel zur Seitenwand fliegt, den Boden vor der Rückwand trifft, gegen die Rückwand springt und von dort zurück ins Feld. In diesem Fall haben Sie zwei Möglichkeiten:

(1) den Ball vor dem Rückwandkontakt schlagen (früher Zeitpunkt);

(2) den Ball schlagen, wenn er von der Rückwand zurückspringt (später Zeitpunkt). *Wichtig:* Da der Ball von der Rückwand in den Court zurückspringt, nicht in den Ball laufen und genügend Seitenabstand vom Ball halten.

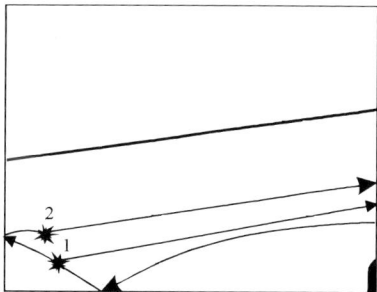

Abb. 36:
Zwei Treffmöglichkeiten (früher und später Treffpunkt) in der Hinterecke

Fall 2
Ihr Gegner hat Crosscourt gespielt (oder Lob, oder Aufschlag). Der Ball berührt die Seitenwand, springt auf den Boden und sollte spätestens jetzt geschlagen werden; es sei denn, daß er noch einen Rückwandkontakt hat und anschließend geschlagen werden kann. *Wichtig:* Da der Ball von der Seitenwand bzw. Rückwand in die Courtmitte zurückspringt, Seitenabstand vom Ball halten bzw. nicht in den Ball hineinlaufen.

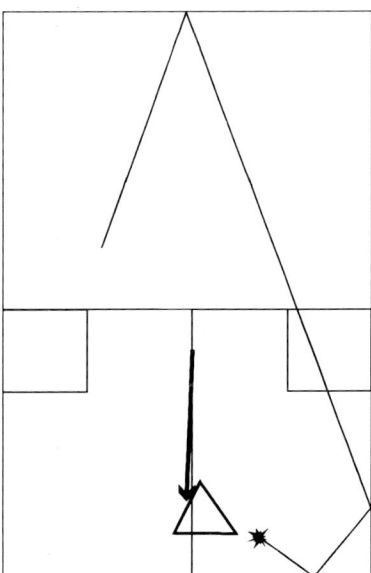

Abb. 37: Laufweg und Treffpunkt in der Hinterecke nach Crossball

48 TAKTIK UND TECHNIK DES EINZELSPIELS

Abb. 38    Abb. 39

Abb. 38-40:
Laufweg und Treffpunkt in der hinteren Rückhandecke

Abb. 40

3.3.3 Technik lernen: die wichtigsten Tips für Anfänger

Auf eine Reihe von Fehlern mit dazugehörigen Korrekturhilfen wurde bereits im Kapitel 3.3.1 hingewiesen. Einige dieser Aspekte werden hier noch einmal genauer erläutert, andere ergänzt. Da Techniklernen ein sehr individuell verlaufender Prozeß ist, müssen nicht alle Tips gleichermaßen zum Erfolg führen. Aber bestimmt sind einige dabei, die für Sie besonders wertvoll sind. Probieren Sie alles mal durch und entscheiden Sie sich selbst.

(1) Tips zur Lauftechnik

- Das vordere Bein beim Schlag weit genug ausstellen (Ausfallschritt): Stoppen – Schlagen – Start in die Rückwärtsbewegung folgen beim Squash schnell aufeinander. Entscheidend ist der letzte Schritt zum Ball. Stellen Sie das vordere Bein so seitlich nach vorne aus, daß Sie mit dem Schlag Ihre Vorwärtsbewegung so abgebremst haben, daß der Rückwärtsstart schnell möglich ist. Der Ausfallschritt wird dann richtig ausgeführt, wenn Sie sich vom vorderen Bein sofort wieder auf das hintere Bein abstoßen können. Gelingt das nicht, liegt das Körpergewicht zu weit vor dem Knie und der Ausfallschritt ist zu klein. Wenn Sie das Gleichgewicht verlieren, stehen die Füße zu stark auf einer Linie (Balanciereffekt). Also den vorderen Fuß nicht nur nach vorne, sondern seitlich nach vorne versetzen, damit Ihr Körperschwerpunkt sich zwischen den Füßen befindet und Sie ohne Beeinträchtigung des Gleichgewichts sowohl die Vorwärts- als auch die Rückwärtsbewegung ausführen können.

- Bälle seitlich versetzt anlaufen: Viele Spieler laufen zu direkt und zu dicht an den Ball. Das nimmt Platz zum Schlagen und führt zu erhöhtem Aufwand beim Laufen (die zusätzlich gelaufene Strecke pro Schlag verdoppelt sich, da sie auch zurück zum T gelaufen werden muß).

- Bei tiefen Treffpunkten, starkes Bewegen der Beine: Schlägerführung parallel zum Boden, besonders in der Hinterecke Hand-Schlägerkopf nicht absinken lassen.

50 TAKTIK UND TECHNIK DES EINZELSPIELS

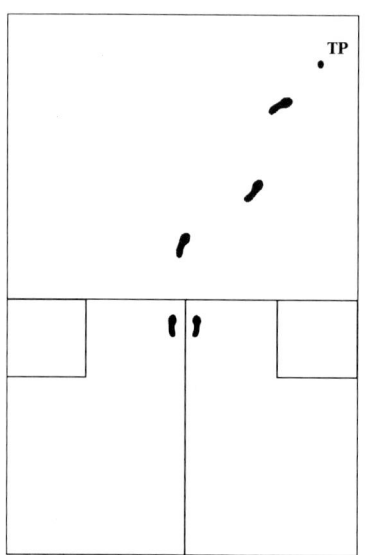

Abb. 41: Laufweg in die vordere Ecke

Abb. 42: Ausfallschritt

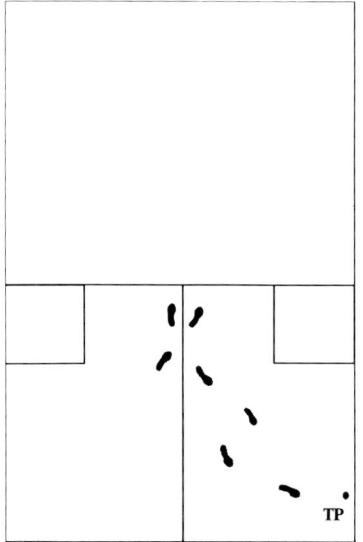

Abb. 43:
Laufweg in die hintere Ecke

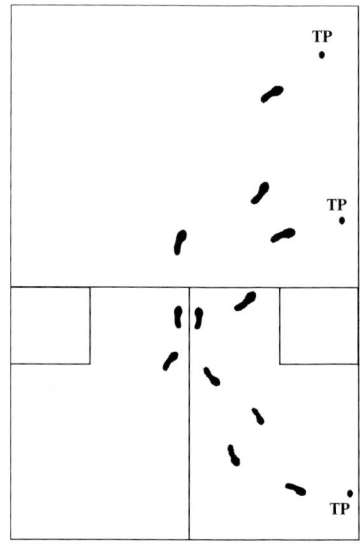

Abb. 44: Laufwege Vorhandseite
(Rechtshänder)

TAKTIK UND TECHNIK DES EINZELSPIELS 51

(2) Tips zur Schlagtechnik

- Beginnen Sie frühzeitig mit der Ausholbewegung, um schlagbereit zum Ball zu laufen. Am besten holen Sie sofort aus, nachdem der Gegenspieler geschlagen hat, und Sie wissen, ob Sie den Ball mit Vor- bzw. Rückhand spielen müssen. Spätes Ausholen kurz vor dem Treffpunkt führt häufig zu Fehlern und unpräzisen Schlägen, da unter Zeitdruck der Schlag zu schnell, zu dicht am Körper und unkontrolliert durchgeführt wird. Wenn Sie früh ausholen, bekommen Sie mit der Zeit auch ein besseres Gefühl für Ihre Reichweite und den Abstand zum Ball.

Abb. 45: Frühe Ausholbewegung

- Führen Sie den Schlag beim Ausholen so, daß die Schlagfläche frühzeitig zum anfliegenden Ball geöffnet ist. Durch die Öffnung der Schlagfläche vergrößern Sie die Trefffläche und vermeiden eher Schläge mit dem Rahmen oder am Rand der Schlägfläche.

- Korrigieren Sie (falls notwendig) immer wieder die Griffhaltung. Sobald die Schlagfläche beim Treffen des Balles „geschlossen" und nicht „geöffnet" wird, schlagen Sie häufiger ins Tinboard (vor allem auf der Vorhandseite) oder auf den Boden (Vorhand) bzw. „säbeln" am Ball vorbei (Rückhand).

- Beim Treffen des Balles ist es günstig, wenn der Schläger parallel zum Boden geführt werden kann. Hand und Schlägerkopf befinden sich auf (annähernd) gleicher Höhe (fixiertes Handgelenk). Mit „hängendem" Schlägerkopf und gestrecktem Handgelenk findet keine effektive Kraftübertragung statt und die Schläge werden unpräzise. Bei Bällen, die knapp über dem Boden getroffen werden, ist es daher notwendig, die Beine zu beugen, um den Schläger parallel zum Boden führen zu können.

Abb. 46: Beugen der Beine bei tiefem Treffpunkt

3.4 Technik lernen und anwenden: vom Fortgeschrittenen zum Wettkampfspieler

3.4.1 Das Volleyspiel und seine Varianten

Alle Grundschläge können auch als Volleyschläge gespielt werden, also bevor sie den Boden berühren. Dadurch wird das Spieltempo erhöht. Wenn Sie als Spieler einen Volley schlagen, spielen Sie den Ball schneller (zu einem früheren Zeitpunkt) als sonst. Sie müssen also gegebenenfalls selbst schneller zum Ball (in die Schlagposition) gelangen. Für Ihren Gegner bleibt nun weniger Zeit, nach dem zuvor gespielten Schlag die T-Position zu erreichen. Damit setzen Sie Ihren Gegner unter Druck. Mit dem Einsatz von Volleys kann darüber hinaus mit wenig Aufwand eine T-nahe Position gehalten werden und last not least werden mit Volleys natürlich Angriffe vorbereitet (Volley-Longline, Volley-Cross) und abgeschlossen (z. B. Volley-Stop). In bezug auf die Schlagtechnik sind bei Volleys einige Besonderheiten zu berücksichtigen:

(1) Volleys können im gesamten Spektrum von Treffhöhen gespielt werden, d. h. als Überkopfschläge, aber auch knapp über dem Boden. Die Bälle können steil aufwärts (Lob), aber auch steil abwärts gespielt werden (z. B. Volley-Stops). Am einfachsten sind Volleys im mittleren Bereich von Treffhöhen (ungefähr zwischen Bauch- und Kopfhöhe) zu spielen, bei denen die Flugkurven eher parallel zum Boden geschlagen werden (z. B. Volley-Longlines).

(2) Die Schlagvorbereitung auf einen Volley beginnt mit einer frühzeitigen Ausholbewegung, die zeitgleich mit dem Start von der T-Position erfolgt. Ein Volley muß keinesfalls spektakulär und hart mit explosivem Schwung geschlagen werden, sondern es empfiehlt sich, den Schläger gleichmäßig (dosiert) zu beschleunigen und auf eine sehr starke Fixierung des Handgelenks im Treffpunkt zu achten. Bei einem Volley wirken beim Ballkontakt auf den Schlägerkopf deutlich höhere Kräfte als bei den Grundschlägen ein, da der geschlagene Ball noch eine deutlich höhere Fluggeschwindigkeit hat. Dadurch wird der Ball auch bei geringer Schlägerkopfgeschwindigkeit beim eigenen Schlag schon ausreichend beschleunigt, sofern es gelingt, die einwirkende Energie vollständig zu übertragen. Anfangs sollte der Ball eher „geblockt" als geschlagen werden, um das Gefühl für die Handgelenkfixierung (Kraftübertragung) und die richtige Stellung der Schlägerfläche (Kontrolle der Schlagrichtung) zu gewährleisten. Die Kontrolle der Schlagrichtung wird ebenfalls durch eine deutliche Seitstellung erleichtert. Wer bei Volleys frontal zum Ball steht, verfügt über weniger Ballkontrolle. Diese Art, Volleys zu spielen, erfordert sehr viel Erfahrung und „touch" (Ballgefühl).

Abb. 47: J. Khan bei der Vorbereitung auf einem hohen Volley

(3) Der Schwung und die Schlägerkopfbeschleunigung verlaufen weniger bogenförmig, sondern noch stärker in die gewünschte Abflugrichtung des Balles. Bei Bällen, die steil abwärts gespielt werden (Volley-Stops), wird von ungeübteren Spielern die Trefffläche im Treffpunkt senkrecht gegen den Ball geführt.

Je besser die Volleytechnik entwickelt ist, um so mehr wird die Schlagfläche beim Treffen des Balles geöffnet, um dem Ball zusätzlichen Drall (Unterschnitt) zu geben. Dadurch „stirbt" der Ball schneller im Vorcourt (schnellerer zweiter Bodenkontakt).

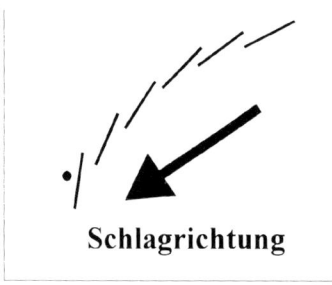
Schlagrichtung

Schlagrichtung

Abb. 48:
Schlägerführung mit und ohne Schnitt bei Volley-Stops mit hohem Treffpunkt

3.4.2 Spezialschläge

Spezialschläge sind Schläge, die im Squash selten angewendet werden. Sie basieren meistens auf normalen Grundschlägen oder Volleys, können aber durch eine Vielzahl von Veränderungen beim Schlagablauf in vielen Varianten mit zum Teil sehr individueller Ausführung gespielt werden.

Einfache, aber für jeden Spieler ab einer bestimmten Spielstärke unverzichtbare Spezialschläge entstehen durch Täuschungen (Finten) und verzögertes Schlagen des Balles. Auf höchstem Spielniveau werden sogar fast alle Schläge nach Täuschungen (z. T. auch Mehrfachtäuschungen) gespielt. Obwohl Finten auf diesem Niveau zur normalen Spielweise gehören, wollen wir in diesem Buch die Veränderungen im Schlagablauf der Grundschläge den Spezialschlägen zuordnen. Für den Normalspieler sind es nämlich Spezial-, da selten angewendete Schläge.

TAKTIK UND TECHNIK DES EINZELSPIELS

Außerdem ist die Art und Weise der Ausführung dieser Veränderungen bei jedem Spieler anders, also sehr durch den individuellen Technikstil geprägt. Folgende grundsätzliche Möglichkeiten von Täuschungen und ihr Einsatz bei den Grundschlägen sind zu nennen:

Angetäuschter Schlag	Gespielter Schlag	Täuschung(en)
1. Aus vollem Schlag		**Einzeind o. Kombiniert**
– Longline (Vorcourt)	– Cross (hinterer Court)	– Stellung zum Ball
– Longline (hinterer Court)	– Boast	– Kopfhaltung (Blick zum Ball)
– Volley-Stop (parallel)		– Handgelenkseinsatz
2. Mit Schwungbeschleunigung		
– Stop (Vorcourt)	– Cross (hinterer Court)	– s.o.
– Stop (Vorcourt)	– Cross (Vorcourt)	– Schwung erst verlangsamen (verzögern), dann explosive Beschleunigung aus der Unterarmdrehung
– Stop (Vorcourt)	– kurzer Boast (Vorcourt)	
– Stop (Vorcourt)	– Longline	
– kurzer Boast (Vorcourt)	– Longline	
3. Mit Schwungverlangsamung		
– Longline (Vorcourt)	– Stop (Vorcourt)	– s.o.
		– voller Schwung wird abgestoppt

Abb. 49: Täuschungen und tatsächlich ausgeführte Schläge

Für die Ausführung von Schlägen mit Täuschungen ist es grundsätzlich wichtig, den Ball auch vor dem üblichen Treffpunkt spielen (z. Teil deutlich vor dem vorderen Fuß) zu können.

Mit Täuschungen sind taktische Absichten verbunden. Vor allem wollen Sie es Ihrem Gegner erschweren, Ihr Spiel „zu lesen". Ohne Täuschungen kann ein Gegner nach einer gewissen Gewöhnungszeit aus Ihrer Schlagvorbereitung und Stellung beim Schlag antizipieren (vorwegnehmen), wohin Sie schlagen wollen und einen Sekundenbruchteil eher seine eigene Lauf- und Schlagvorbereitung darauf einstellen. Diese Sekundenbruchteile, die der Gegner früher schlagen kann, können z.B. dazu führen, daß er einen Volley spielen kann oder den Ball generell sehr schnell retourniert und Sie damit unter Druck setzt. Wer schon häufiger gegen deutlich bessere Spieler gespielt hat, wird eine Lied davon singen können, wie häufig diese Spieler Aktionen frühzeitig antizipieren und entsprechend schnell zum Ball gehen können.

Durch eigene Täuschungen erschweren Sie diese Antizipation. Der Gegenspieler kann nun nicht mehr frühzeitig erkennen, wohin Sie spielen wollen. Er muß warten und bis zum letzen Augenblick beobachten, welchen Schlag Sie letztendlich spielen.

Er kann nun erst später die Laufbewegung in die nächste Schlagposition starten, d.h. er erreicht den Ball später und auf niedrigerer Treffhöhe, was seine Möglichkeiten für gefährliche Schläge einschränkt. Außerdem ist er gezwungen, schneller zu laufen, wird also konditionell stärker gefordert.

Täuschungen sind ebenfalls sehr gut geeignet, um den Gegenspieler in seinem normalen Bewgungsrhythmus zu stören. Darauf reagieren viele Spieler sehr empfindlich. Die meisten Spieler haben ein bestimmtes Tempo, auf dem sie bevorzugt spielen. Wird dieses Tempo gestört (vgl. Kap. 4.2), wird ihr Spiel in der Regel deutlich schwächer.

Spezialschläge können auch ganz eigenständige Schläge sein, die nicht durch getäuschte Variationen von Grundschlägen entstehen. Man müßte hier schon eher von Trickschlägen sprechen, da die effektive Ausführung dieser Schläge kleinen Kunststücken gleichkommt. Zu nennen sind im wesentlichen folgende Schläge:

(1) Topspinschläge, die mit hoher Geschwindigkeit und Vorwärtsdrall gespielt werden, können nur von wenigen Spielern geschlagen werden, ohne daß der Ball im Tin landet oder zu hoch/weit ist und damit uneffektiv herausspringt.

(2) Verschiedene Schläge, die über die Seitenwand gespielt werden.

3.4.3 Die wichtigsten Techniktips für Fortgeschrittene

(1) Tips zur Lauftechnik

- Alle Laufwege von der T-Position in die Schlagposition und zurück sollten möglichst flüssig und ausbalanciert sein. Achten Sie besonders nach dem Schlag auf das schnelle Abstoßen in den Rückwärtslauf (vor allem im Vorcourt). Um den ersten Schritt der Rückwärtsbewegung explosiv ausführen zu können (damit die T-Position schnell erreicht wird), setzen Sie beim Schlag das vordere Bein weit vor und beugen den Oberkörper stärker zum Ball. So bleibt der Körperschwerpunkt vor dem Knie (aus Ihrer Perspektive) und die Rückwärtsbewegung kann aus Bein- und Rumpfmuskulatur schnellkräftig erfolgen.

Abb. 50: Ausfallschritt, der schnellkräftiges Abstoßen in den Rückwärtslauf ermöglicht

- Es gibt beim Squash verschiedene Lauftechniken und Schrittkombinationen, die zweckmäßig sein können. Ob Sie vom T aus mit drei oder vier Schritten in eine vordere bzw. hintere Ecke laufen, ist individuell und kann von Ihren konditionellen Fähigkeiten und der Ausprägung der Muskulatur abhängen. Abgesehen von den Laufwegen nach vorne (Vorwärtslauf, Ausfallschritt, Rückwärtslauf) sind alle anderen Schrittkombinationen beliebig. Probieren Sie aus, ob Sie z.B. die Seitbewegungen (vom T zur Seitenwand) besser mit Nachstell- oder mit Kreuzschritten ausführen können. Auch beim Lauf in die hinteren Ecken kann z.B. nach einem ersten Rückwärtsschritt ein Drehschritt folgen oder zuerst die Drehbewegung eingeleitet werden. Je mehr Schrittkombinationen Sie beherrschen, um so flexibler und schneller können Sie sich auf die jeweilige Situation einstellen.

58 TAKTIK UND TECHNIK DES EINZELSPIELS

(2) Tips zur Schlagtechnik

- Versuchen Sie, alle Grundschläge aus einer ähnlichen Schlagvorbereitung und Stellung zum Ball zu spielen (z. B. Boast aus gleicher Vorbereitung wie Longline). Ihr Gegenspieler kann nun nicht mehr so früh erkennen, welchen Ball Sie spielen werden.

- Verlagern Sie das Körpergewicht beim Schlag auf das vordere Bein (in den Ball). Sie können nun, unterstützt durch das Körpergewicht, mit weniger Aufwand den Ball härter und kontrollierter schlagen.

- Beim Squash ist es häufig zweckmäßig, auf dem falschen Bein zu schlagen. Sie sollten die meisten Schläge daher auf dem richtigen und falschen Bein schlagen können.

- Experimentieren Sie mit der Griffhaltung. Probieren Sie, den Schläger geöffneter zu halten, um dem Ball auf der Vorhand mehr Schnitt zu geben und auf der Rückhand mit mehr Power zu treffen.

Abb. 51:
Schlag auf dem falschen Bein

- Probieren Sie, den Ball im Aufsteigen (nach dem Bodenkontakt) oder am höchsten Punkt der Flugkurve (nach dem Bodenkontakt) zu schlagen. Das bringt Ihnen zwei Vorteile: Sie treffen den Ball früher (der Gegner hat weniger Zeit), und der Ball kann besser und härter von oben nach unten geschlagen werden, so daß er in der hinteren Courthälfte flach bleibt.

- Üben Sie das Volleyspiel und setzen Sie Volleys bewußter im Spiel als Vorbereitungsschläge und um Ihre T-Position zu halten ein.

- Üben und probieren Sie Täuschungen, damit Ihr Spiel für den Gegenspieler schwerer zu lesen ist (vgl. Kap. 3.4.2).

3.5 „The fitter you are, the better you play" - Kondition

Spätestens zu dem Zeitpunkt, als Sie das erste Mal ein Squash-Spiel gegen einen deutlich stärkeren Gegner bestritten haben und von diesem durch den Court „gescheucht" worden sind, werden Sie die (eventuell sogar mehrere Tage sehr „schmerzliche") Erfahrung gemacht haben, daß Ihre Leistungsfähigkeit bei diesem Spiel ganz entscheidend von Ihrer Fitneß abhängt. Und vielleicht haben Sie auch schon erlebt, wie müde Ihr Schlagarm war, nachdem Sie ein intensives Volleytraining absolviert hatten.

Die konditionellen Faktoren Schnelligkeit, Kraft und vor allen Dingen die Ausdauer spielen beim Squash, zumindest auf hohem Spielniveau, eine ganz entscheidende Rolle. Dies ist leicht zu erklären: Je länger Sie sicher sein können, daß Sie auch die gut plazierten Bälle Ihres Gegners so schnell erreichen, daß Sie selbst kontrolliert und genau weiterspielen können, desto weniger eigenes Risiko brauchen Sie selbst bei Ihren Schlägen einzugehen. Oder umgekehrt: Wenn es Ihnen gelingt, Ihren Gegner mit langen Ballwechseln so müde zu machen, daß er in konditionelle Schwierigkeiten gerät, wird er die frühe Entscheidung bei den Ballwechseln suchen und dadurch zwangsläufig mehr Eigenfehler machen.

3.5.1 Ausdauer

Neben den natürlich unverzichtbaren technischen und taktischen Fertigkeiten gilt die Ausdauer im Hochleistungs-Squash als der entscheidende leistungslimitierende Faktor. Squash-Spiele in diesem Leistungsbereich dauern nicht selten 90 Minuten oder länger, wobei die effektive Spielzeit, also die Zeit, während der sich der Ball tatsächlich im Spiel befindet, 60-75% beträgt. Im Vergleich hierzu: effektive Spielzeiten beim Badminton ca. 50%, beim Tennis um 10%.

Physiologisch betrachtet ist „Ausdauer" der Ausdruck für die Fähigkeit des Organismus, die an einer Arbeitsleistung (z.B. Laufen) beteiligte Muskulatur mit der für diese Leistung notwendigen Energie zu versorgen. Es gibt nun, je nachdem, wie hoch der Energiebedarf für eine Leistung ist, für den Organismus verschiedene Möglichkeiten, diese Energie bereitzustellen.

Aerob: Bei Belastungsintensität mit aerober Energiebereitstellung liegen Sauerstoffverbrauch und Sauerstoffaufnahme im Gleichgewicht (Sauerstoff Steady-State). Aerobe Ausdauer kann nach der Belastungszeit eingeteilt werden. Für Badminton sind die aerobe Mittelzeitausdauer (10-30 Minuten) und die aerobe Langzeitausdauer bedeutsam (über 30 Minuten).

Anaerob: Wenn die Sauerstoffzufuhr unzureichend ist, werden Stoffwechselvorgänge wichtig, die ohne Sauerstoffzufuhr ablaufen.

Laktazid: Hoher Energiebedarf (bei andauernden schnellkräftigen Bewegungen) führt zu anhaltender Milchsäurebildung, zur Übersäuerung des Muskels. Die hohe Belastungsintensität muß abgebrochen oder gedrosselt werden (Spieltempo reduzieren).

Alaktazid: Anaerobe Kurzzeitbelastungen von hoher und höchster Intensität im Bereich weniger Sekunden erfordern energiereiche Phosphate, in denen der Brennstoff der Muskelzellen (ATP = Adenosintriphosphat) direkt vorliegt. Die Speicher sind nach wenigen Sekunden entleert, können jedoch laufend (je nach Trainingszustand) wieder aufgefüllt werden.

Abb. 52: Aerobe und anaerobe Energiebereitstellung

Wichtigste Grundlage für Squash-Spieler ist die aerobe Ausdauerfähigkeit. Man bezeichnet diese, eben weil sie die Grundlage für das gesamte weitere Ausdauertraining ist, als *Grundlagenausdauer*.

Natürlich entstehen beim Squash auch Belastungen, die nicht mehr aerob bewältigt werden können. Da aber eine längerfristige anaerobe Belastung zwangsläufig zu einer schnellen und endgültigen Ermüdung führt, muß es das Ziel jedes Trainings für Squasher sein, ein so hohes aerobes Leistungsniveau zu erreichen, daß anaerobe Belastungen während des Spiels möglichst seltene Ausnahmen bleiben.

Es gibt in der Sportwissenschaft unterschiedliche Aussagen darüber, wie diese Grundlagenausdauer an besten zu trainieren ist. Als Faustregel kann aber gelten, daß die Höhe der Belastung so gewählt werden sollte, daß die Herzfrequenz bei einem gut trainierten Menschen während des Trainings einen Wert von „200 minus Lebensalter" (für einen 30jährigen also 170) nicht übersteigt. Zu beachten ist jedoch, daß Herzfrequenzen bei Belastung individuell stark variieren können. Die Belastungsdauer ist stark abhängig vom jeweiligen Trainingszustand und kann gegebenenfalls bis 120 Min. und länger sein.

3.5.2 Kraft - Schnelligkeit - Beweglichkeit

Squash stellt an den gesamten Organismus hohe Anforderungen. Deshalb spielen neben der Ausdauer auch die anderen konditionellen Faktoren eine entscheidende Rolle.

Ein ausreichend hohes *Kraftniveau*, sowohl der gesamten Rumpfmuskulatur (Stabilisation des Körpers während der Schlagbewegung, bei Richtungswechseln usw.) wie auch der Muskulatur im Schlagarm (zur Beschleunigung des Balles bei verkürzten Schwüngen) ist unverzichtbar. Gleiches gilt auch für die *Schnelligkeit*, insbesondere für die sogenannte „azyklische Schnelligkeit", d.h. die Fähigkeit, schnell die Laufrichtung zu ändern, anzutreten oder abzustoppen.

Schließlich spielt auch die *Beweglichkeit* eine nicht zu vernachlässigende Rolle, da von ihr z.B. die Reichweite beim Spielen unter starkem Zeitdruck wesentlich abhängt.

3.5.3 Koordination - Antizipation

Noch zwei weitere, für das Squash ganz entscheidende, leistungslimitierende Faktoren stehen unmittelbar mit dem konditionellen Zustand in Verbindung. Die *Koordinationsfähigkeit* beschreibt das Vermögen, die eigenen Lauf- und Schlagbewegungen mit den räumlichen Gegebenheiten, dem Flugweg des Balles und schließlich auch mit den Bewegungen und Handlungen des Spielpartners in Einklang zu bringen. Die Koordinationsfähigkeit ist normalerweise um so höher, je mehr spezifische, aber auch allgemeine Bewegungserfahrung vorhanden ist. Es ist aber auch unstritig, daß ihre Qualität mit zunehmender Ermüdung nachläßt. Praktisch bedeutet dies dann, daß Sie mit einsetzender Ermüdung schlechter zum Ball stehen oder zu spät mit Ihrer Schlagbewegung beginnen. Die unmittelbare Folge hiervon ist natürlich eine nachlassende Präzision Ihres Spieles.

Unter *Antizipation* wird die Fähigkeit verstanden, aus den Bewegungen des Spielpartners (Stellung zum Ball, Laufweg, Aushol- und Schlagbewegung) dessen Absicht und damit die Richtung des von ihm gespielten Balles ablesen zu können. Die Antizipationsfähigkeit ist sehr stark abhängig von der eigenen Spielerfahrung. Auf höherem Spielniveau spielt sie eine wesentliche Rolle in der Summe der leistungsbestimmenden Faktoren. So läßt sich z.B. mangelnde Schnelligkeit und bis zu einem gewissen Maß auch fehlende Fitneß durch überdurchschnittliche Antizipationsfähigkeit teilweise kompensieren. In der Praxis erleben Sie die Auswirkungen dieser Fähigkeit meistens dann, wenn Sie gegen einen „erfahrenen, alten Squasher" spielen müssen und dieser immer schon dort steht, wo Sie den nächsten Ball hinspielen.

3.5.4 Fitneß ist machbar - Trainingsplanung

Wenn Sie Ihre Fitneß wirklich verbessern wollen, sollten Sie dies planmäßig tun. Denn ebenso, wie eine systematische Trainingsplanung im Leistungssport unverzichtbar ist, kann sie auch Ihnen helfen, Ihren körperlichen Zustand in überschaubaren Zeitabschnitten wirklich zu verbessern.

Wichtigste Voraussetzung für ein planvolles Training ist die Regelmäßigkeit. Es nützt Ihrer Fitneß nicht viel, wenn Sie in einer Woche jeden Tag Ihre Grundlagenausdauer trainieren - und dann wieder mehrere Wochen überhaupt nicht. Richtig wäre vielmehr, daß Sie sich die Zeit nehmen, über einen Zeitraum von mehreren Monaten (oder natürlich noch länger) zweimal (mindestens) oder dreimal (wäre ideal) wöchentlich Ausdauertraining zu betreiben.

Wenn Sie mit dem Training beginnen wollen, sollten Sie folgendermaßen vorgehen:

1. Sie sollten sich vor dem Beginn Ihres Trainings von einem Sportarzt gründlich untersuchen lassen, damit sichergestellt ist, daß Ihnen die Trainingsbelastung nicht schadet.

2. Sie sollten sich von einem erfahrenen Trainer Rat über Umfang und Art Ihres Trainings einholen, damit Sie die Belastungen, denen Ihr Organismus während des Trainings ausgesetzt ist, richtig dosieren.

3. Sie sollten darauf achten, daß Sie nach jeder Trainingsbelastung genügend Zeit haben, um sich zu erholen. Z.B. sollten Sie, wenn Sie dreimal wöchentlich trainieren, dies nicht an drei aufeinanderfolgenden Tagen tun, sondern die Trainingseinheiten gleichmäßig über die ganze Woche verteilen.

Genügende Regeneration ist im Trainingsprozeß genauso wichtig wie die richtige Dosierung der Belastung. Wenn diese beiden Komponenten richtig aufeinander abgestimmt werden, kommt es zum sog. *Superkompensationseffekt*, also zur tatsächlichen Leistungsverbesserung.

Superkompensation
Im Verlauf einer Belastung (Badmintonspiel) nimmt die Ermüdung zu und die Glykogenvorräte werden (aerob und anaerob) ausgeschöpft. Nach einer Erholungsphase (je nach Belastung und Trainingszustand 1-3 Tage) steht ein erhöhtes Glykogenreservoir und damit eine erhöhte Leistungsfähigkeit zur Verfügung. Die Abnahme der erhöhten Leistungsfähigkeit normalisiert sich nach spätestens drei Tagen zurück auf das vorherige Leistungsniveau. Es ist wichtig, auf alle Belastungen (also auch auf die Badmintonspiele) eine Erholungsphase folgen zu lassen, in der ausreichend Zeit zur Regeneration besteht.

Abb. 53: Superkompensation

Wir haben bereits darüber gesprochen, daß auch eine kräftige Rumpfmuskulatur und ausreichende Beweglichkeit wichtige Voraussetzungen für erfolgreiches Squash-Spielen sind. Berücksichtigen sie dies bei Ihrer Trainingsplanung:

- Ein 10-15 min. dauerndes Aufwärmprogramm, in dessen Verlauf Sie die wichtigsten Muskelgruppen dehnen (stretchen), sollte selbstverständlich fester Bestandteil jeden Trainings sein. Wenn Sie sich zusätzlich noch etwas Gutes tun wollen, dann wiederholen Sie diese Dehnübungen am Ende des Trainings noch einmal; Sie unterstützen damit eine bessere Regeneration.

- Für die Stärkung Ihrer Rumpfmuskulatur genügen einige wenige Gymnastikübungen, die Sie ebenfalls regelmäßig in Ihr Training einbauen sollten. Lassen Sie sich von einem erfahrenen Trainer oder einem Physiotherapeuten einige solcher Übungen zusammenstellen. Ihr Körper wird es Ihnen danken. Tips für ein Aufwärmprogramm werden im nächsten Abschnitt gegeben.

3.5.5 Squashspezifisches Konditionstraining

Nun werden Sie fragen: „Wenn ich zwei- bis dreimal wöchentlich meine Ausdauer trainiere, wo bleibt mir dann noch die Zeit zum Squash?" Nur die wenigsten im Berufsleben stehenden Menschen haben genügend freie Zeit zur Verfügung, um sich jeden Tag sportlich zu betätigen. Dies muß aber auch nicht sein, denn es gibt sehr gute Möglichkeiten, die Grundlagenausdauer auch auf dem Squashcourt systematisch zu trainieren. Voraussetzung hierfür ist allerdings ein technisches Niveau, das Ihnen erlaubt, zumindest die einfacheren der in Kap. 6 zusammengestellten Übungen flüssig zu spielen. Wenn Sie dazu in der Lage sind, dann sollten Sie die Chance des „squashspezifischen" Trainings unbedingt nutzen. Denn dieses hat den zusätzlichen Vorteil, daß Sie Ihre Grundlagenausdauer und Ihre Technik „in einem Aufwasch" verbessern können.

Wie könnte eine solche „squashspezifische Trainingseinheit" aussehen?

Versuchen Sie, ca. 15 Min. vor Beginn Ihrer „gebuchten Zeit" fertig umgezogen in ihrem Center zu sein.

Beginnen Sie, sich 2-3 Minuten zu bewegen (Laufen am Ort, vielleicht Seilspringen) und absolvieren Sie dann Ihr Dehnprogramm.

Wenn Sie auf dem Court sind, schlagen Sie sich mit Ihrem Spielpartner 5-10 Min. ein. Versuchen Sie hierbei, „Gefühl für den Ball" zu bekommen, achten Sie auf eine „gute Länge" und eine „gute Breite" Ihrer Schläge.

Für den Rest der Ihnen verbleibenden Zeit nehmen Sie sich nun 2-3 „Standard- oder Entscheidungsübungen" (vgl. Kap. 6) vor, die Sie jeweils 15-25 Min. lang, möglichst ohne Unterbrechungen, spielen. Bei der Auswahl dieser Übungen müssen Sie experimentieren: Versuchen Sie mehrere Übungen und wählen Sie solche aus, die Sie a) flüssig spielen können und bei denen b) Ihr Puls die Frequenzen erreicht, die wir in 3.5.1 empfohlen haben.

Ob Sie an ein solches Training dann noch ein „Abschlußmatch" anhängen, bleibt der zur Verfügung stehenden Zeit und Ihrer Kondition überlassen. Auf alle Fälle sollten Sie als Abschluß noch einmal alle beanspruchten Muskelgruppen sorgfältig dehnen.

3.5.6 Die eigenen Reserven optimal ausnutzen – Aufwärmen vor dem Spiel

Geht es Ihnen morgens, unmittelbar nach dem Aufstehen auch so, daß Sie einige Minuten (und vielleicht eine Tasse Kaffee oder Tee) brauchen, bis Körper und Geist auf „vollen Touren" sind? Der Grund hierfür ist, daß sich Ihr Organismus erst an die neuen Anforderungen anpassen muß, die nach dem Schlafen jetzt auf ihn zukommen.

Und genauso muß sich Ihr Körper an die erhöhten Anforderungen anpassen, denen er während eines Squash-Spiels oder -Trainings ausgesetzt ist. Deshalb sollten Sie sich, insbesondere vor einem Wettkampf, systematisch aufwärmen. Wenn Sie so verfahren, werden Sie oft schon deshalb gegenüber Ihrem Gegner im Vorteil sein, weil dieser die beschriebene physische und mentale Anpassung erst im Verlauf des Spieles vollzieht.

Der zweite Grund, weshalb Sie nie auf das Aufwärmen verzichten sollten, ist natürlich, daß Sie damit möglichen Verletzungen vorbeugen (vgl. Kap. 7).

Für das Aufwärmen vor einem Wettkampf sollten sie ca. 30 Min. Zeit einplanen:
3-5 Min. Einlaufen, Laufen am Ort, Seilspringen o.ä.
10 Min. Dehnen
5 Min. Einschlagen alleine oder mit einem Spielpartner
10 Min. Standard- oder Entscheidungsübungen mit mittlerer Intensität.

Natürlich ist dies nur ein Vorschlag. Probieren Sie einfach aus, was Ihnen am besten nützt, um bereits bei Wettkampfbeginn „hochmotiviert und hellwach" zu sein. Im Laufe der Zeit werden Sie ganz automatisch das für Sie beste Aufwärmprogramm herausgefunden haben.

4 Theorie und Praxis des Wettkampf-Squash (Einzel)

In diesem Kapitel soll eine vertiefte Darstellung von wichtigen Aspekten des Wettkampfspiels gegeben werden. Im Wettkampf spielen nicht nur Technik, Taktik und Kondition eine Rolle, sondern auch eine Reihe von psychischen Faktoren und Erfahrung. Die eigenen Fähigkeiten ergeben in der Gesamtheit das individuelle Leistungsprofil, das gegen unterschiedliche Spielpartner und Spielertypen im Wettkampf optimal genutzt werden soll.

Zudem gibt es - neben den Rahmenbedingungen des Wettkampfs - einige häufige Grundkonstellationen. Mit einer Analyse dieser Aspekte beginnt das Kapitel.

4.1 Spielanalyse

Betrachtet werden sollen typische Spielsituationen und taktische Verhaltensweisen:

(1) Aufschlag und Return

Das Spiel beginnt mit dem Aufschlag bzw. Return. Beide Spieler versuchen, aus dieser Situation möglichst schnell eine vorteilhafte Situation zu entwickeln. D. h., die Qualität von Aufschlag und Return ist äußerst wichtig für den weiteren Verlauf des Ballwechsels. Der Aufschlag soll so gespielt werden, daß der Returnspieler den Ball möglichst nicht als Volley returnieren kann. Der Ball fällt nun weich und tief in die hintere Ecke und kann nur unter Mühe (vielleicht als schwacher Boast) retourniert werden. Der Aufschläger rückt unmittelbar nach dem Aufschlag in die T-Position auf und spielt auf schwache Returns Angriffsbälle (Volleys oder Stops).

Der Aufschläger sollte von seiner Vorhandseite mit der Rückhand aufschlagen, da der Schlagwinkel kleiner ist und damit der Ball länger an der Seitenwand bleibt.

Dieser für den Aufschläger optimale Fall tritt natürlich nicht immer ein. Erfahrene Wettkampfspieler versuchen, möglichst jeden Aufschlag als Volley zu retournieren, um schwache Rückschläge zu vermeiden und ihrerseits in die T-Position zu

THEORIE UND PRAXIS DES WETTKAMPF-SQUASH 67

Abb. 54　　　　　　　　Abb. 55
　　　　　　　Abb. 56　　　　　　　　　Abb. 57

Abb. 54-57: Rückhandaufschlag mit Aufrücken in die T-Position

gelangen. Der Returnspieler versucht bei seinem Volley, den Ball dicht und hoch an die Seitenwand zu spielen, so daß er auf keinen Fall für den Aufschläger als Volley zu spielen ist. Als Variante kann auch ein Volley-Stop gespielt werden, sofern dieser Schlag in entsprechender Qualität beherrscht wird. Eine weitere gute Variante ist der Volley-Cross, vor allem, wenn der Aufschläger sich auf die Returnspielerseite postiert, um einen erwarteten Volley-Longline-Return abzufangen.

Ohnehin wird sich im Laufe jedes Wettkampfspiels eine eigene Dynamik und Variation von Aufschlägen (z. B. hart auf den Körper gezielt) entwickeln. Dies ist begründet durch die unterschiedlichen Stärken und Schwächen beider Spieler, die sich gegenseitig austesten und versuchen, im Laufe des Spiels nie so stereotyp zu spielen, daß der Gegner sich auf das Spiel einstellen kann. Aber bedenken Sie: Erst kommen von der taktischen Bedeutung die Standards der Spieleröffnung, dann die Variationen.

(2) Richtig angreifen

Viele Spieler greifen zu früh und zu riskant an. Sie bereiten den Angriff nicht geduldig vor bzw. versuchen, ihre Shots auch nach guten Bällen des Gegners einzusetzen. Auch wenn es im Squash viele Situationen gibt, die ganz überraschend entstehen und in denen Sie als Spieler flexibel und intuitiv reagieren müssen, gibt es taktische Grundsätze, deren Beachtung Ihr Spiel erfolgreicher macht (vgl. Kap. 3.2). Ein Angriff wird in der Regel aus dem Bereich der T-Positon (vgl. Kap. 3.1) vorbereitet. Vorausgegangen ist ein unpräziser Ball des Gegenspielers. Nun versuchen Sie, Ihren Gegenspieler mit guten Bällen (je nach Spielsituation: kurze Bälle mit guter Breite oder lange Bälle mit guter Breite oder Bälle gegen die Laufrichtung) unter Druck zu setzen. Ihr Gegner wird nun möglicherweise noch schwächer retournieren, und Sie können den Druck erhöhen, bis Ihr Gegenspieler einen Fehler macht oder den Ball nicht mehr erreicht.

Angriff bedeutet also im Normalfall, ohne eigenes Risiko die Vorteile der Spielsituation zu nutzen. Wenn Sie diese Strategie über das gesamte Spiel (oder lange Phasen des Spiels) durchsetzen können, wird Ihr Gegenspieler bei allen Ballwechseln, in denen Sie angreifen, konditionell höher belastet und die Qualität seines Spiels wird in der Regel nach einiger Zeit nachlassen.

THEORIE UND PRAXIS DES WETTKAMPF-SQUASH

(3) Aus der Verteidigung in den Angriff

Die T-Position ist der Schlüssel zum erfolgreichen Wettkampf-Squash. Wenn Ihr Gegenspieler Sie aus der T-Position vertreibt, besteht Ihr erstes Ziel darin, die T-Position wiederzugewinnen. Spielen Sie aus dem hinteren Courtbereich hohe, weiche Longlines oder Crossbälle, die Ihr Gegner nicht aus der T-Position vollieren kann. Nun muß er seinerseits in die hintere Courthälfte. Befinden Sie sich im Vorcourt und Ihr Gegenspieler lauert hinter Ihnen, spielen Sie hoch und weich nach hinten (Lob), um zu verhindern, daß Ihr Gegner aus dem T-Bereich vollieren kann. Durch Ihre eigenen langsamen Bälle erhalten Sie genügend Zeit, um wieder die T-Position zu erreichen. Dies gelingt nur, wenn der Gegner nicht im T-Bereich, sondern allenfalls aus einer hinteren Courtposition (Ihr Zeitgewinn) einen Volley spielen kann.

Abb. 58-60: Eroberung der T-Position nach Longline mit guter Länge und Breite

Abb. 58

Abb. 59

Abb.60

Natürlich kann es vorkommen, daß Sie phasenweise unter großem Zeitdruck stehen und viel laufen müssen. Lassen Sie sich jedoch unter Zeitdruck nicht hektisch machen. Übernehmen Sie nicht das Tempo Ihres Gegners, sondern nehmen Sie das Tempo aus dem Spiel. Damit unterbrechen Sie auch immer wieder den Spielrhythmus Ihres Gegners. Es wird Ihre Zuversicht im Spiel stärken, wenn Sie merken, daß es Ihnen gelingt, auch unter Druck des Gegners immer wieder die T-Position zu erreichen und bei schwächeren Rückschlägen des Gegners den Spieß umzudrehen.

(4) Führung und Rückstand

Sie haben fast zwei Sätze gut gespielt und führen 1-0 nach Sätzen und hoch im 2. Satz. Sie haben den Gegenspieler im Griff, was soll noch passieren? Eine Menge!

Nichts ist so verführerisch, wie bei hoher Führung etwas nachlässiger zu spielen. Manche Spieler machen im Hochgefühl der Kontrolle über das Spiel nun die „Trickkiste" auf und versuchen, zu zaubern und den Gegenspieler „vorzuführen". Das kann alles gutgehen, muß aber nicht. Ein erfahrener Wettkampfspieler wird bei hohem Rückstand nicht so schnell die Flinte ins Korn werfen, sondern alles versuchen, um das Blatt zu wenden. Manchmal genügen Kleinigkeiten, damit ein scheinbar deutliches Spiel kippt und der vermeintliche Sieger als Verlierer vom Platz geht. Vor allem bei fast gleichstarken Spieler können, bedingt durch Konzentrationsschwankungen, unterschiedliche Anstrengungsbereitschaft (auch Tagesform) und taktische Abstimmungsprobleme in der Anfangsphase von Spielen die unterschiedlichsten Spielverläufe entstehen. Also: Ziehen Sie erfolgreiches Spiel bis zum gewonnenen Matchball durch und bauen Sie Ihren Gegenspieler nicht mit Nachlässigkeiten auf, denn wenn Sie ihm auch nur den Finger reichen, wird er natürlich versuchen, die ganze Hand zu nehmen.

Bei hohem Rückstand sollten Sie nie die Zuversicht verlieren, ein Spiel noch kippen zu können. Versuchen Sie alles, was in Ihren Möglichkeiten liegt. Machen Sie vor allem die Ballwechsel lang und versuchen Sie, Ihren Gegner zu ermüden. Eine typische Konstellation entsteht oft zwischen Shot- und Basisspielern. Gewinnt der Shotspieler nicht in drei Sätzen, reicht oft die Kondition nicht für ein längeres Spiel, und der Basisspieler ringt ihn in fünf Sätzen noch nieder.

(5) Big Points

Big Points gibt es nicht nur im Tennis, sondern auch im Squash-Wettkampf. Gemeint sind damit bestimmte Ballwechsel in einem Satz, die vorentscheidenden oder entscheidenden Charakter für den Ausgang des Satzes oder Spiels haben können. Gleichzeitig wird mit dem Gewinn von Big Points auch die Vorstellung verbunden, den Gegenspieler zu dominieren, ihm zu zeigen, daß er, wenn es „um alles geht", nicht gewinnen kann (vgl. auch Abschnitt 4.3). Betrachten wir einige Beispiele:

- Bei knappen Spielständen am Satzende (z. B. 7-7; 8-8) sind alle Ballwechsel Big Points. Dies gilt ganz besonders für Satzbälle und Matchbälle bei ausgeglichenen Spielen. Hier versuchen natürlich beide Spieler, alle Reserven zu mobilisieren, um den Erfolg sicherzustellen.

- Big Points können aber, je nach Spielverlauf, auch Ballwechsel bei ganz undramatischen Spielständen sein. Beim Rückstand von z.B. 2-0 nach Sätzen und 4-1 im 3. Satz merken Sie plötzlich, daß Ihr Gegner unkonzentriert und müde wirkt (macht vermehrt Fehler, bewegt sich nicht mehr so schnell, nimmt das Tempo aus dem Spiel). Nun kann Ihre Stunde schlagen. Dieser Ballwechsel kann Ihre Zuversicht stark ansteigen lassen und (eigene Fitneß vorausgesetzt) Ihnen die Straße zum Gewinn des Spiels öffnen. Das Spiel kippt ab diesem Zeitpunkt möglicherweise auch mental, denn auch Ihr Gegner weiß nun, daß er in große Schwierigkeiten geraten kann.

(6) Einteilung der Kondition unter taktischen Aspekten

Als Wettkampfspieler haben Sie es vielleicht schon erlebt. Sie spielen gegen einen „Nobody", der im 1. Satz loslegt wie die Feuerwehr. Sie haben Mühe, überhaupt ins Spiel zu kommen, hecheln dem Ball hinterher und halten mit Mühe das Tempo mit. Ihr Gegner legt auch im 2. Satz ein hohes Tempo vor. Der 2. Satz geht aufgrund kleiner Unaufmerksamkeiten Ihres Gegners in der Schlußphase jedoch knapp an Sie und den 3. und 4. Satz gewinnen Sie locker 9-2 und 9-0. Was ist in diesem Spiel passiert? Ganz einfach: Der unterlegene Spieler hat sich die Kondition falsch eingeteilt. Mit diesem extremen Beispiel soll ein Grundproblem aufgezeigt werden, das mehr oder weniger offen erkennbar in Wettkampfspielen zwischen spielerisch sonst annähernd gleichwertigen Spielern entstehen kann. Meist passiert folgendes: Beide Spieler haben Phasen, in denen sie das Spiel dominieren. In diesen Phasen wirken sie konditionell frisch und sind spielerisch sehr stark (gehen früh zum Ball, machen wenig Fehler, spielen gute Shots). Diese Phasen wechseln mit schwächeren Phasen ab, wie anhand des folgenden Schemas gezeigt werden soll:

Spieler A gewinnt den 1. Satz: A macht „Power", spielt druckvoll und konzentriert.
Spieler B gewinnt den 2. Satz: B hat sich im ersten Satz noch etwas zurückgehalten und den Gegner studiert, ist also besser eingestellt und macht Druck. A ist etwas müde vom 1. Satz.
Spieler A gewinnt den 3. Satz.: A hat sich im 2. Satz etwas erholt und spielt erneut druckvoll und konzentriert. B ist etwas müde vom 2. Satz usw.

Nach diesem Schema würde A das Spiel 3-2 gewinnen. Natürlich ist dieses Beispiel sehr vereinfacht und konstruiert. Verdeutlicht werden soll, daß auf eine Phase des guten Spiels mit entsprechend hoher konditioneller Anforderung auch Phasen von Erholung im Verlauf des Spiels aufeinander folgen müssen. Dieses Auf und Ab von hoher Belastung und Erholung ist sehr individuell und vom Spielverlauf abhängig. Fakt ist: Kein Spieler kann fünf Sätze durchgehend druckvoll auf höchstem Niveau spielen, es gibt immer Schwankungen, die vor allem von der jeweiligen konditionellen Verfassung im Verlauf des Spiels abhängig sind. Je stärker die Kondition beansprucht wird – also bei sehr hohem Spieltempo, das nur phasenweise im Spiel durchgehalten werden kann – um so stärker übersäuern Spieler (vgl. Kap. 3.5). Je stärker Spieler übersäuern, um so längere Erholungsphasen mit niedrigem Spieltempo benötigen sie im Spiel. Erfahrene Spieler merken zu starke Übersäuerungstendenzen zu allererst am Verlust der Konzentration (die Qualität der Taktik und der Technik läßt nach). Beachten Sie dieses Warnsignal und nehmen Sie zu diesem Zeitpunkt das Tempo etwas aus dem Spiel.

4.2 Individuelles Leistungsprofil im Wettkampf und Spielertypen

Das individuelle Leistungsprofil wird durch konditionelle, technische und taktische Fähigkeiten bestimmt. Darüber hinaus spielen noch eine Reihe von anderen Faktoren eine Rolle:

(1) Wettkampferfahrung

Aus dem Wissen über das eigene Leistungprofil können Spieler eine realistische Erfolgserwartung ableiten. Kein Landesligaspieler würde z.b. bei realistischer Einschätzung davon ausgehen, einen Bundesligaspieler schlagen zu können.

Wettkampferfahrung ermöglicht es auch, gegen unbekannte Gegner die richtige Taktik parallel zum Spielverlauf zu finden und, wenn notwendig, zu verändern.

(2) Psychische Fähigkeiten

Um erfolgreich Wettkampf-Squash spielen zu können, ist es erforderlich, eine Reihe von psychischen Fähigkeiten zu entwickeln. Besonders die Kontrolle der Emotionen bei störenden Ereignissen (z. B. Fehlentscheidungen des Schiedsrichters, unsympathische Gegenspieler, Zuschauer, ungünstige Courtverhältnisse, usw.) muß erlernt werden. Diese Ereignisse zu tolerieren, ohne sich aus dem Spiel bringen zu lassen, erfordert einfach eine gewisse Erfahrung, aber auch bewußten Umgang mit diesen Situationen und eine mentale Einstellung (vgl. Kap. 4.3) darauf. Spielen Sie so cool und überlegt wie möglich, damit Sie Ihr Können auch unter diesen Bedingungen unter Beweis stellen.

Eine weitere wichtige Fähigkeit ist Willensstärke, um auch in schwierigen Phasen motiviert weiterzuspielen. Oft werden knappe Spiele dadurch entschieden, daß der eine Spieler den größeren Willen zum Sieg hat und damit eine höhere Anstrengungsbereitschaft. Wettkampf-Squash kann konditionell sehr hart sein, so daß Sie manchmal am liebsten aus dem Court gehen würden, weil Sie so „platt" sind. Auch diese Phasen überstehen Sie nicht ohne eine ausgeprägte Willensstärke.

(3) Tagesform und Rahmenbedingungen

Spieler mit guter Einstellung zum Wettkampf bringen 80% ihrer Leistung, obwohl sie eine schwächere Tagesform haben, auch wenn die Courts ihrer Spielweise nicht liegen oder wenn sie wenig geschlafen haben. Schwache Tagesform und unterdurchschnittliche Rahmenbedingungen sollten nicht als Entschuldigung für eine schlechte Einstellung zum Spiel herangezogen werden.

(4) Vorbereitung auf den Wettkampf

Unabhängig vom Anlaß (Ligaspiele, Turniere o. ä.) sollten Sie am Vortag nicht mehr hart spielen oder trainieren. Versuchen Sie, gut zu essen (viele Kohlehydrate), und vergessen Sie nicht, viel Flüssigkeit zu sich zu nehmen (besonders am Wettkampftag). Vier Stunden vor Spielbeginn (bei Spielen am Vormittag) sollten Sie aufstehen, die letzte Mahlzeit (individuell unterschiedlich) 3-4 Stunden vor dem Wettkampf zu sich nehmen. In Pausen zwischen den Wettkämpfen empfiehlt sich viel Flüssigkeit und kleine Essensmengen (Bananen, Müsliriegel usw.). Machen Sie sich vor dem Wettkampf warm und testen Sie die Courts vorher. Je nach individuellem Temperament pushen Sie sich oder machen sich ruhiger, um Ihren optimalen Startzustand zu erreichen. Wichtig ist, den Spielbeginn nicht zu verschlafen, denn dann haben Sie möglicherweise schon den 1. Satz verschenkt.

Wenn Sie sich selbst aufgrund Ihrer Fähigkeiten einem bestimmten Spielertyp zuordnen können, werden Sie Merkmale Ihres Spiels bestimmt in der folgenden Beschreibung von Spielertypen wiederfinden. Die Typen sind möglichst konturenscharf mit ihren dominanten Spielmerkmalen beschrieben. In der Praxis gibt es selbstverständlich jede Menge Mischtypen, die unterschiedlich große Anteile verschiedener Spielstile in ihrem individuellen Leistungsprofil vereinen.

Die unterschiedlichen Spielertypen sind nicht aus dem Weltklasse-Squash abgeleitet, sondern sollen Wettkampftypen auf unterem und mittlerem Niveau beschreiben (dort, wo die meisten Wettkampfspieler ihre Wettkämpfe bestreiten).

(1) Der Techniker

Es gibt Spieler, die ihr Spiel auf überdurchschnittlichen technischen Fähigkeiten aufbauen. Die Techniker verfügen in der Regel über sehr kontrollierte Schläge und ein Repertoire von gefährlichen Spezial- und Trickschlägen. Gibt man diesen

Spielern viel Zeit zum Schlagen, können sie oft Shots spielen. Aber auch diese Spieler machen unter Zeitdruck Fehler bzw. haben keine Möglichkeit, ihre gefährlichen Schläge erfolgversprechend einzusetzen. Wenn Techniker nicht dazu kommen, ihr Spiel zu machen, verlieren sie möglicherweise auch ihre Geduld und Zuversicht, weil sie zu einem unspektakulären, harten Basisspiel im Grunde genommen nicht motiviert sind.

(2) Der Läufer

Unangenehme Gegner können Spieler sein, die eine Pferdelunge haben und die auch nach einer Stunde Spielzeit noch nicht so richtig müde werden wollen. Sie versuchen natürlich, ihre Stärke, die Kondition, spieltaktisch einzusetzen. Sie spielen den Gegner müde. Ihre technischen Fähigkeiten sind meist eher durchschnittlich und sie verfügen kaum über gefährliche Shots. Gegen diese Spieler muß man jeden Punkt sozusagen dreimal machen, da sie fast alle Bälle erlaufen. Als Dauerläufer spielen sie am liebsten in einem für sie optimalen Rhythmus. Deshalb gilt es, diesen Rhythmus immer wieder zu stören, so daß sie sich nie auf ein durchgehendes Tempo einstellen können. Ferner sollte nicht zu früh, sondern ausschließlich nach guter Vorbereitung angegriffen werden.

(3) Der Knaller

Diese Spieler „hauen auf die Kugel", bis sie „glüht". Sie spielen fast alle Bälle hart und flach. Das Spieltempo wird dadurch beträchtlich erhöht und Sie müssen selbst Ihre Bewegungsgeschwindigkeit erhöhen, um sich auf die schnellen, flachen Bälle einzustellen. Hartes Spielen hat zwei Folgen:
• Die Präzision der Schläge läßt nach.
• Der Ball wird heißer und springt damit stärker.

Ihre Gegenstrategie sieht folgendermaßen aus: Sie sollten extrem früh schlagbereit und startbereit sein. Nutzen Sie das hohe Balltempo, das Ihr Gegner vorgibt, und schieben Sie den Ball mit kurzem Schwung in die entsprechende Ecke, lassen Sie Ihren Gegner laufen und geben Sie ihm wenig Möglichkeiten, den Ball im Vorcourt mit viel Zeit zu schlagen. Last not least: Lassen Sie sich mental nicht von der Power des Gegners beeindrucken. Der ist auch nur ein Mensch und wird bei seinem kraftaufwendigen Spiel auch mal müde.

(4) Der Schönspieler

Manchmal sind diese Spieler Weltmeister beim Einschlagen. Im Spiel sieht das oft ganz anders aus. Die Schönspieler brauchen viel Zeit für ihre Bewegungen und sind taktisch häufig verspielt bzw. haben nicht den unbedingten Siegeswillen. Wenn Sie druckvoll spielen und gerne Volleys spielen, wird Ihr Gegner sicher Schwierigkeiten bekommen.

(5) Der Let-Schinder

Die meisten Spieler sind im Wettkampf sehr fair und emotional kontrolliert. Manche Spieler versuchen aber auch, mit Mitteln zu arbeiten, die an oder über der Grenze der Fairneß liegen. Sie legen es darauf an, die Regeln über Gebühr zu ihren Gunsten zu nutzen. Wenn diese Spieler Bälle nicht mehr erreichen können, versuchen sie, eine Behinderung vorzutäuschen und Let zu fordern. Gute Schiedsrichter durchschauen dieses Spiel meist nach eine Weile, aber es gibt nicht nur gute Schiedsrichter. Möglicherweise werden Sie auch aus dem Konzept gebracht, wenn ein Spieler ständig zu spät vom Ball weggeht oder in Sie hineinläuft. Dadurch werden Ihre Laufwege gestört und der Spielfluß gehemmt. Versuchen Sie, dem Schiedsrichter klarzumachen, daß Sie gestört werden. Oft hilft das nach einer Weile. Wenn nicht, müssen Sie in Kauf nehmen, sich vielleicht selbst etwas Respekt zu verschaffen oder Ihre Laufwege umzustellen. Vermeiden Sie aber alles, was Sie aus Ihrem Spielrhythmus bringt.

4.3 Mentale Einstellung

Alle Spieler mit Wettkampferfahrung werden schon das eine oder andere Mal vor Ärger fast geplatzt sein, wenn es auf dem Court nicht läuft. Durch Hadern mit sich selbst kann schon in der Anfangsphase eines Spiels der Schlüssel zu einem nicht notwendigen Mißerfolg gelegt werden. Es gibt in Squash-Wettkämpfen eine Reihe von Situationen, auf die Sie mental vorbereitet sein müssen (vgl. Kap. 4.2 Wettkampferfahrung, psychische Fähigkeiten, Tagesform und Rahmenbedingungen). Aber, Sie können sich natürlich auch selbst im Weg stehen, Ihr Leistungspotential auszuschöpfen. Eine gute mentale Einstellung zu all diesen Störungen fällt nicht vom Himmel, sondern Sie kann von Ihnen entwickelt werden. Setzen Sie sich mit den Störungen und den Ärgernissen auseinander und versuchen Sie, eine Strategie zu entwickeln, trotzdem erfolgreich Wettkampf-Squash zu spielen.

(1) Unzufriedenheit mit dem eigenen Spiel

Die Palette der Unmutsäußerungen von Spielern reicht von leisem Zähneknirschen über laute Selbstbeschimpfungen bis zum Schlägerwerfen (spätestens hier schreitet ein Schiedsrichter ein). Damit schaden Sie sich nur und bauen Ihren Gegenspieler auf, der (wenn er klug ist) nur darauf wartet, daß Sie unkonzentriert sind. Wer sich (mehr oder weniger wehleidig) mit sich selbst beschäftigt, hat nicht den Blick frei für die Erfordernisse des Spiels. Egal, ob der Schiedsrichter Sie tatsächlich oder vermeintlich benachteiligt, der Gegenspieler Sie aus dem Konzept zu bringen versucht, konzentrieren Sie sich immer wieder auf den laufenden Ballwechsel. Manchmal helfen einfache Erkenntnisse: Wenn Sie noch mit dem letzten Ballwechsel beschäftigt sind, obwohl der nächste schon läuft, sind Sie nicht voll bei der Sache. Konzentrieren Sie sich bei Aufschlag bzw. Return immer auf den beginnenden Ballwechsel.

Wenn Ihr Gegenspieler mit dem Schiedsrichter debattiert, lassen Sie sich nicht aus Ihrem Rhythmus bringen. Verschnaufen Sie ein wenig und spielen Sie konzentriert weiter.

Kein Spieler ist ein erfolgreicher Wettkampf-Squasher geworden, ohne unzählige verlorene Spiele. Versuchen Sie, die Erfahrung von verlorenen Spielen zu nutzen, indem Sie von Ihren erfolgreichen Gegnern lernen.

Reden Sie mit diesen Spielern über Spieltaktik und Sie werden manch wertvollen Tip bekommen. Hilfreich ist es natürlich auch, sich mit einem Trainer zu beraten oder sich in Wettkämpfen coachen lassen. Dadurch wird die bewußte Auseinandersetzung mit dem Spiel gefördert, und Sie bekommen immer mehr Möglichkeiten, auch unter Belastung im Spiel taktische Probleme zu lösen. Neue taktische Verhaltensweisen können Sie gut in Wettkämpfen gegen schwächere Gegner erproben, um festzustellen, wie Sie mit einer neuen Spielweise zurechtkommen.

(2) Tips für die mentale Steuerung und Vorbereitung im Wettkampf

- Auch als Einsteiger in das Wettkampfspiel ist mentale Vorbereitung hilfreich. Allein das Prüfen der Ausrüstung (Schläger, Griffband) und aller sonstigen für den Wettkampf wichtigen Mittel (Getränk, ggf. Schweißband, Handtuch, 2. T-Shirt) vermittelt Ihnen das Gefühl, alles für die Vorbereitung Wichtige getan zu haben. Wärmen Sie sich gut auf und konzentrieren Sie sich dabei auch mental auf den bevorstehenden Wettkampf. Schotten Sie sich ein wenig von der Umgebung ab, damit Sie sich ungestört einstimmen können. Manche Spieler sind übermotiviert und überaktiviert. Versuchen Sie, sich etwas zu beruhigen (z. B. durch langsame und tiefe Atmung) und nehmen Sie sich vor, das Spiel nicht hektisch anzugehen (vgl. auch Kondition einteilen). Andere Spieler sind eher zu ruhig und ohne innere Anspannung. Hier hilft eine intensivere Erwärmung, um in Schwung zu kommen. Diese Spieler müssen sich auch mental aktivieren und innerlich etwas unter Druck setzen, damit Sie den Spielbeginn nicht verschlafen.

- Mentales Training nützt kaum etwas, wenn es nur selten gemacht wird. Die Ausschöpfung Ihrer Fähigkeiten gelingt am besten, wenn Sie immer wieder und möglichst regelmäßig in diesem Bereich arbeiten.

- Fortgeschrittene Wettkampfspieler verfügen über umfangreiche Erfahrung aus ganz unterschiedlichen Wettkämpfen. Dennoch passiert es immer wieder, daß sie in Wettkämpfen an den gleichen Problemen scheitern. Sie lassen sich z.B. durch den Gegner oder aus ihrer Sicht falsche Schiedsrichterentscheidungen aus dem Konzept bringen. Wettkampfspieler brauchen für diese Fälle ein individuelles Konzept der Psychoregulation. Ein eigenes Konzept kann folgendermaßen entwickelt werden: Stellen Sie sich alle belastenden Situationen in Wettkämpfen vor und entwickeln Sie für alle Situationen Anworten in Form von Selbstbefehlen. Tritt die Situation im Wettkampf auf, rufen Sie den Selbstbefehl ab und (Sie sprechen mit sich selbst) und steuern damit Ihr Verhalten (Beispiel: „Konzentration auf den nächsten Ballwechsel"). Manche (einfachen) Selbstbefehle funktionieren sofort, bei anderen benötigen Sie sicher etwas Übung oder Sie erweisen sich als unzweckmäßig und wären dann zu verändern.

- Hervorragende Übungsmöglichkeiten für den Einsatz von psychoregulativen Techniken bieten Trainingsspiele. Nutzen Sie diese Möglichkeit. Darüber hinaus gestalten Sie damit Ihr Training bewußter und effektiver. Denn Squash ist ein Spiel, das hohe Anforderungen an taktisch-strategisches Denken unter hoher körperlicher Belastung stellt.

5 Das Doppelspiel

Wahrscheinlich werden Sie, wie übrigens die meisten Freizeit-Squasher, zunächst ungläubig staunen, wenn Sie zum ersten Mal erfahren, daß im Squash auch Doppel gespielt wird. Und tatsächlich ist diese Variante des Spiels, obwohl es bereits seit langer Zeit nationale Meisterschaften in vielen Ländern, internationale Turniere und seit einigen Jahren sogar offizielle Weltmeisterschaften in dieser Disziplin gibt, bei uns weitgehend unbekannt. Die Gründe hierfür sind schnell genannt: Der für vier Personen sehr enge gemeinsame Spielraum erfordert sowohl ein weit über dem Standard der allermeisten Hobby-/Freizeitspieler liegendes technisches Spielniveau jedes einzelnen Spielpartners als auch ein ausgeprägtes taktisches Verständnis des Spiels und darüber hinaus gleichermaßen eine genaue Kenntnis des Regelwerkes und genügend Erfahrungswerte bezüglich seiner Anwendung. Ja sogar Ligaspieler der unteren Spielklassen tun sich oft noch schwer, ein Doppelspiel zustande zu bringen, das zum einen diesen Namen auch verdient und zum anderen die Gefährdung der daran Beteiligten weitestgehend ausschließt.

Andererseits eröffnet das Doppelspiel wirklich guten Squash-Spielern die Möglichkeit spektakulärer langer Ballwechsel, gepaart mit technischen Raffinessen verschiedenster Art. Denn da jeder Spielpartner sich sozusagen nur um einen „halben Court" kümmern muß, also „mehr Zeit" hat, erhöhen sich sowohl die Präzision und die Geschwindigkeit des Spiels als auch die Länge der einzelnen Ballwechsel.

5.1 Die Spielsysteme

Genau wie z.B. beim Tennis oder Badminton erlauben es die Doppelregeln beim Squash, daß jeweils derjenige Spielpartner, der näher oder besser zum Ball steht, den nächsten Schlag ausführt. (Anders verhält es sich z.B. beim Tischtennis. Hier ist vorgeschrieben, daß beide Spielpartner denn Ball immer abwechselnd spielen.) Deshalb ist es taktisch sinnvoll, daß sich die beiden Spielpartner einer Mannschaft das Spielfeld untereinander aufteilen.

5.1.1 „Rechts-Links"

Am häufigsten wird heute Doppel so gespielt, daß ein Spielpartner für die gesamte rechte Hälfte des Courts „zuständig" ist, der andere für die linke Hälfte. Dieses

Spielsystem hat eine ganze Reihe von Vorteilen, insbesondere ist es für Spieler zu empfehlen, die erste Erfahrungen mit dem Doppel machen wollen, da es hinsichtlich möglicher Kollisionen der Spielpartner untereinander weniger Risiken in sich birgt. Aber auch wenn wir das Spielsystem von internationalen Spitzenspielern analysieren, stellen wir fest, daß gerade Herren sehr häufig dieses System anwenden, während Frauen vermehrt „Vorne-Hinten" spielen.

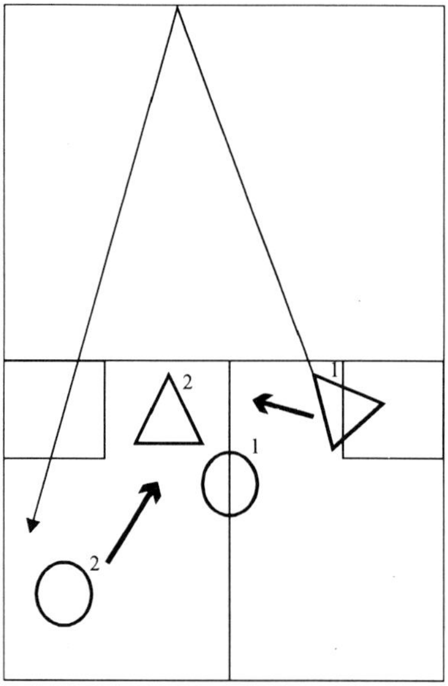

Abb. 61:
Grundaufstellung und erste Laufwege des Spielsystems „Rechts- Links"

Die Vorteile des „Rechts-Links" sind hauptsächlich:
- Jeder Spielpartner muß sich nur auf eine Spielfeldseite konzentrieren. Dadurch fallen schnelle (zeitraubende) Drehungen weitgehend weg; ein hohes Maß an Ballkontrolle ist möglich.
- Jeder Spielpartner kann (sofern nicht gerade beide die „gleichen Schwächen" aufweisen) auf der ihm besser liegenden Seite spielen.
- Die Laufwege sind für alle Spieler verhältnismäßig übersichtlich, da sich auf einer Längshälfte des Spielfeldes immer nur zwei Spielpartner bewegen.
- Der hauptsächliche Nachteil des Systems besteht vielleicht in erster Linie darin, daß, dadurch daß die jeweils auf den nächsten Schlag wartenden Spielpartner insgesamt etwas weiter hinten im Court placiert sind, das Spiel insgesamt nicht so schnell ist.

5.1.2 „Vorne-Hinten"

Die zweite Möglichkeit, sich das Spielfeld aufzuteilen, besteht darin, daß ein Spielpartner für alle Bälle im vorderen Courtbereich „zuständig" ist, während der andere den gesamten hinteren Courtbereich abdeckt. Allerdings ergeben sich bei dieser Art zu spielen häufig sehr enge Spielsituationen im T-Bereich, so daß ein großes Maß an Übersicht unbedingte Voraussetzung für eine solche Raumaufteilung ist. Zusätzlich ist ein hohes Maß an Verständnis zwischen den beiden Spielpartnern einer Mannschaft notwendig, da immer dann, wenn Bälle in das Halbfeld gespielt werden, Klarheit darüber herrschen muß, wer für den nächsten Schlag zuständig ist.

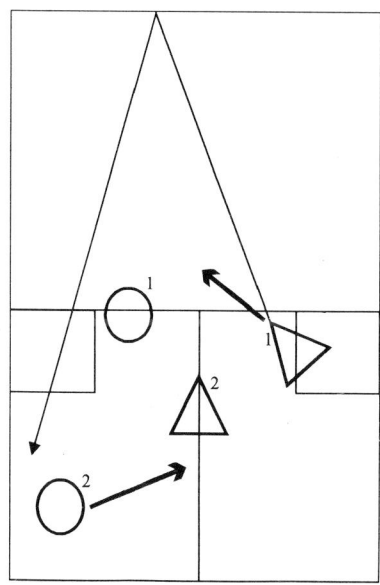

Abb. 62: Grundaufstellung und erste Laufwege des Spielsystems „Vorne-Hinten"

Trotzdem hat auch dieses System eine Reihe von nicht zu unterschätzenden Vorteilen:
- Die Laufwege für jeden einzelnen Spielpartner sind deutlich kürzer als bei „Rechts-Links".
- Wenn der vorne im Court agierende Spielpartner über eine entsprechende Reichweite verfügt und zudem ein gutes Volleyspiel beherrscht, kann er das Spiel sehr schnellmachen und dadurch viel Druck ausüben.
- Gleiches gilt, wenn der vorne agierende Spieler über ein gutes Shotspiel verfügt.
- Umgekehrt läßt sich durch ein entsprechend genaues, langes Spiel aus dem hinteren Courtbereich der im Vorderfeld positionierte Spielpartner der Gegenmannschaft weitgehend ausschalten.

5.1.3 Die Kombination beider Spielsysteme in einem Spiel

Im Wettkampf wird natürlich jede Mannschaft immer „ihr System" spielen. Auf diese Weise kommt es durchaus vor, daß in einem Wettspiel eine Mannschaft „Rechts-Links" spielt, während die andere „Vorne-Hinten" bevorzugt. Wirklich gute und erfahrene Spieler kommen auch mit einem solchen „Systemmix" zu

Rande. Wer allerdings im Training einmal eine solche Spielweise erlebt hat, weiß, daß sich hier sehr viele unübersichtliche und oft auch risikoreiche Spielsituationen ergeben. Deshalb ist, im Sinne der Sicherheit aller am Spiel Beteiligten, in aller Regel von solchen Konstellationen abzuraten. Und der große Vorteil des „Spielens aus Spaß" ist ja, daß sich hier bereits vorab die notwendigen Absprachen treffen lassen.

5.2 Besonderheiten des Regelwerks beim Doppel

Im wesentlichen wird im Doppel nach den gleichen Regeln gespielt, wie Sie sie bereits vom Einzel her kennen. Allerdings sieht das Regelwerk des Doppelspiels doch eine ganze Reihe von Änderungen vor, die zum einen der Sicherheit auf dem Court dienen und zum anderen helfen sollen, die Attraktivität des Spiels noch zu erhöhen. Die wenigen folgenden Bemerkungen zu diesem Thema sollen dazu beitragen, interessierten Spielern die Informationen zu liefern, die ein reibungs- und gefahrloses Spiel ermöglichen. Wer darüber hinaus Interesse am Wettkampf im Doppel-Squash hat, ist gut beraten, sich vom jeweiligen Veranstalter eines solchen Wettkampfes die jeweils gültigen Regeln zu besorgen, da hier von Turnier zu Turnier immer wieder Unterschiede, z.B. hinsichtlich der Zählweise und des Aufschlagrechtes, festzustellen sind.

Der Doppelcourt

Der Court für offizielle Wettkämpfe der World Squash Federation (WSF) hat zwar die gleiche Länge wie ein herkömmlicher Squashcourt, ist jedoch ca. 1,5 m breiter. Auf einem Doppelcourt wird das gesamte Spielgeschehen natürlich interessanter, da die Laufwege länger, die Raumaufteilung schwieriger usw. werden. Da es diese Spezifikation der Doppelcourtmaße aber erst seit wenigen Jahren gibt, existiert derzeit weltweit nur eine verschwindend geringe Anzahl von Squash-Doppelcourts; in Deutschland bestenfalls eine Handvoll. Aus diesem Grund werden nach wie vor – und sicherlich auch noch in absehbarer Zukunft - die allermeisten Doppelspiele, und zwar gleichermaßen Wettkampf- wie auch Trainings- oder Just-for-fun-Spiele, auf herkömmlichen Squashcourts ausgetragen werden. Deswegen gehen wir in diesem Buch auch nicht weiter auf das Spiel auf dem Doppelcourt ein, sondern beschränken uns auf das Spiel auf herkömmlichen Courts.

Die Letregel

Bedingt durch die engen Raumverhältnisse kommt es im Doppel sehr viel häufiger zu Situationen, in denen ein Spielpartner dem anderen „im Weg steht". Und sehr viel seltener als im Einzel kann eindeutig festgestellt werden, welcher der beiden Spielpartner „schuld" an dieser Situation ist. Deshalb gilt im Doppel *grundsätzlich:*

In allen Situationen, in denen sich zwei Spielpartner beim Schlag behindern oder bei denen ein Spielpartner den anderen durch seinen Schlag gefährden oder verletzen könnte (sowohl mit dem Schläger als auch mit dem Ball wird *immer ein Let* gespielt.

Natürlich kann es vorkommen, daß einer der Spielpartner in einer bestimmten Situation der Auffassung ist, hier habe aber nun wirklich der andere die Behinderung verursacht usw. Die Erfahrung zeigt aber, daß sich im Verlauf eines Doppelspiels die Situationen so ausgleichen, daß mit dieser Regelung im Normalfall keine Mannschaft benachteiligt wird. Und gleichzeitig verhindert sie, daß es zu unendlichen Streitereien über die Einschätzung eben solcher Situationen kommt; oder, sofern mit Schiedsrichter gespielt wird, daß dieser hinsichtlich seiner Einschätzung der jeweiligen Lage dem Unmut der Spieler ausgesetzt wird.

Der Aufschlag

Hinsichtlich des Aufschlagrechtes beim Doppel gibt es derzeit zwei unterschiedliche Regelungen, die bei Turnieren beide alternierend angewendet werden. Die einfachere (und deshalb für den Alltagsgebrauch unbedingt zu empfehlende) Aufschlagregel lehnt sich unmittelbar an das Doppelspiel an.

Zu Beginn eines Spiels wird das Aufschlagrecht durch Drehen des Schlägers ermittelt. Gewinnt Mannschaft A das Aufschlagrecht, so schlägt sie solange auf, wie sie Ballwechsel gewinnt. Welcher der beiden Spieler der Mannschaft A aufschlägt, ist gleichgültig, allerdings muß nach jedem Aufschlag die Seite gewechselt werden. Verliert Mannschaft A einen Ballwechsel, so erhält Mannschaft B das Aufschlagrecht und für sie gilt gleiches entsprechend. Nach der zweiten, international meistens angewandten Regelung, wird zunächst durch Drehen des Schlägers ermittelt, wer hinsichtlich des Aufschlagrechtes wählen kann. Gewinnt Mannschaft A, kann sie entscheiden, ob sie aufschlagen oder retournieren will. Entscheidet sie sich für den Aufschlag, so schlägt zunächst der Spieler A abwechselnd von rechts und links oder umgekehrt auf. Die Seite des ersten Aufschlages kann A wie beim Einzel frei wählen. Verliert die Mannschaft A einen Ballwechsel, wechselt das Aufschlagrecht zur Mannschaft B. Und von hier ab und für den gesamten weiteren Verlauf jeden Satzes gilt nun das folgende: Der Spieler B1 schlägt solange abwechselnd von rechts und links (oder umgekehrt; s.o.) auf, bis die Mannschaft B einen Ballwechsel verliert. Jetzt wechselt das Aufschlagrecht zu Spieler B2, der den ersten Aufschlag von der gegenüberliegenden Seite des Courts ausführt, von der B1 seinen letzten Aufschlag gemacht hat. Danach schlägt B2 solange weiter abwechselnd von rechts und links auf, bis die Mannschaft B den nächsten Ballwechsel verliert. Erst danach wechselt das Aufschlagrecht wieder zur Mannschaft A und für die gilt nun die gleiche Regelung entsprechend.

5.3 Taktische Grundüberlegungen

Da die Bereiche, für die jeder Spieler beim Doppel „zuständig" ist, nur ca. halb so groß sind, wie beim Einzelspiel, ist es sehr viel schwerer, einen Ball so zu plazieren, daß ihn die Spieler der gegnerischen Mannschaft nicht erreichen können. Dies bedeutet nun umgekehrt, daß Punkte am leichtesten durch Eigenfehler der gegnerischen Mannschaft erzielt werden können. Deshalb lautet die erste und für alle Spielsysteme gültige Grundregel: Vermeiden Sie Eigenfehler durch ein risikoreiches Spiel! Wer schon einmal sehr guten Spielern beim Doppel zugesehen hat, wird leicht erkennen können, daß das taktische Verhalten der einzelnen Teams sehr stark von den individuellen Fähigkeiten der einzelnen Akteure geprägt ist. Daher ist es kaum möglich, differenzierte taktische Konzepte mit gleichzeitig hoher Allgemeingültigkeit zu entwickeln. Einige wenige taktische Grundlagen für die beiden Spielsysteme sollten Sie jedoch beherzigen.

Taktische Grundlagen des Systems „Rechts-Links"

Die Laufwege der Spieler verlaufen bei diesem System im wesentlichen von hinten nach vorne und umgekehrt. Die taktische Grundüberlegung besteht darin, aus einem sicheren Spielaufbau heraus (Longlines sehr eng an der Seitenwand, Zweiwandboasts zum Seitenwechsel) entweder mit parallel zur Seitenwand oder diagonal gespielten Volleystops aus dem Halbfeld den hinter Ihnen plazierten Gegenspieler unter Druck zu bringen oder umgekehrt. Zuvor werden die Gegenspieler durch einen gut plazierten Stop nach vorne gebracht, um daran anschließend den Druck durch harte, schnelle Longlines zu erhöhen. Dagegen sollten Sie es vermeiden, von hinten Crosscourt zu spielen, da hier die Gefahr besteht, daß Ihre Gegner durch einen Volley aus dem Halbfeld heraus angreifen können. Eine weitere gute taktische Möglichkeit, mit der Sie für Überraschungen sorgen können, sind aus dem Vorderfeld durch die Mitte des Courts gespielte harte und flache Crosscourts in den Rücken der Gegner. Allerdings besteht hier häufig die Gefahr von Let-Situationen.

Taktische Grundlagen des Systems „Vorne-Hinten"

Bei diesem System sind die Aufgaben für beide Spielpartner einer Mannschaft relativ deutlich verteilt, d.h. die Aufgaben, die bei „Rechts-Links" beide Spielpartner für jeweils eine Seite übernommen haben, werden hier getrennt. Der hinten im Court agierende Spielpartner ist in erster Linie für die „Sicherheit" im Spiel zuständig, d.h., er muß vor allen Dingen dafür sorgen, daß er mit seinem Spiel dem im Vorderfeld spielenden Spieler der gegnerischen Mannschaft wenig Möglichkeiten zum Angreifen bietet (Longlines mit guter Breite, Zweiwandboasts). Dagegen ist es im wesentlichen die Aufgabe des vorne im Court plazierten Spielers, durch plaziertes Shotspiel, also in erster Linie durch Volleystops und Nickbälle, Druck zu machen.

Welche Fähigkeiten Sie in ein Doppelspiel einbringen können, werden Sie sicherlich bald herausfinden, wenn Sie das Spiel einige Male gespielt haben. Versuchen Sie – ganz gleich, für welches Spielsystem Sie sich entschieden haben – auf alle Fälle immer auf beiden Positionen Erfahrungen zu sammeln. Wo Sie dann schließlich „landen", ergibt sich meist ganz von selbst.

5.4 Übungsformen zur Vorbereitung auf das Doppelspiel

Wir haben bereits zu Beginn dieses Kapitels darauf hingewiesen, daß Doppel-Squash nur von sehr guten Spielern gespielt werden sollte. Doch auch für gute Spieler ist die Tatsache, daß sie sich plötzlich zu viert auf einem Court befinden bzw. sich zu zweit eine Courthälfte teilen müssen, oft sehr ungewohnt.

Deshalb haben wir im folgenden je zwei Übungen (sehr viele gibt es hierzu leider nicht) für die beiden Spielsysteme zusammengestellt, die Ihnen helfen können, sich auf dem begrenzteren Raum besser zurechtzufinden. Dabei gilt als Grundregel: Übungen für das System „Rechts-Links" können Sie zu viert auf einem Court trainieren, Übungen für „Vorne-Hinten" eigentlich nur zu zweit.

Spiel nur in der hinteren Courthälfte (zwei Personen auf dem Court)
Spielpartner A beginnt mit einem Aufschlag. Spielpartner B retourniert mit einem in das hintere Halbfeld gespielten Longline oder Crosscourt und auch alle weiteren Bälle müssen in die hintere Courthälfte gespielt werden. Gelingt einem Spielpartner dies nicht, so bekommt der andere Spielpartner einen Punkt. Gleiches gilt natürlich, wenn ein Spielpartner einen anderen ungültigen Ball spielt.

Achten Sie, während Sie diese Übung machen, vor allen Dingen darauf, daß Sie sich nicht durch Ihr eigenes Spiel „einsperren", sondern versuchen Sie so zu spielen, daß Sie nach jedem eigenen Schlag die Möglichkeit haben, zur Mitte des hinteren Halbfeldes zurückzukehren. Darüber hinaus sollten Sie versuchen, Ihren Spielpartner entweder durch Volleys unter Druck zu setzen (vor allen Dingen, wenn dieser hohe Bälle, insbesondere Crosscourts spielt) oder ihm durch Bälle mit sehr guter Länge das Spiel in den rückwärtigen Courtbereich unmöglich zu machen.

Spiel nur in der vorderen Courthälfte (zwei Personen auf dem Court)
Bei diesem Spiel kommt es darauf an, möglichst genaue Bälle (Stops, kurze Boasts, Nickshots) zu spielen, um den Spielpartner stark unter Druck zu setzen und ihm möglichst wenig Gelegenheiten zu geben, seinerseits anzugreifen. Beide Spielpartner befinden sich zu Beginn des Spiels in der vorderen Spielhälfte, je einer auf der rechten und einer auf der linken Seite. Spielpartner A bringt den Ball mit einem Boast ins Spiel. Alle im weiteren Verlauf eines Ballwechsels gespielten Bälle müssen jetzt vor der Halbfeldlinie den Boden berühren, sonst sind sie ungültig. Gewinnt A den Ballwechsel, bringt er den nächsten Ball von der anderen Seite wieder mit einem Boast ins Spiel usw., gewinnt B den Ballwechsel, ist er an der Reihe „aufzuschlagen", also den Ball ins Spiel zu bringen.

Wenn Sie üben wollen, noch genauer nach vorne spielen, so können Sie zusätzlich vereinbaren, daß ein Ball nur dann gültig ist, wenn er, sofern ihn Ihr Spielpartner nicht erreicht, auch das zweite Mal noch in der vorderen Courthälfte aufspringt. Jetzt müssen Sie Ihr Spiel sehr genau „timen", insbesondere müssen Sie sehr genau die Härte Ihrer Schläge dosieren, wenn Sie gültige Punkte erzielen wollen.

Longlinespiel im Wechsel (vier Personen auf einem Court)
Das Longlinespiel zu zweit kennen Sie bereits als Grundübung zur Verbesserung der Ballkontrolle (vgl. Kap. 6). Nun spielen Sie dieses Spiel zu viert auf einem Court, je zwei Spielpartner in der rechten und zwei Spielpartner in der linken Courthälfte.

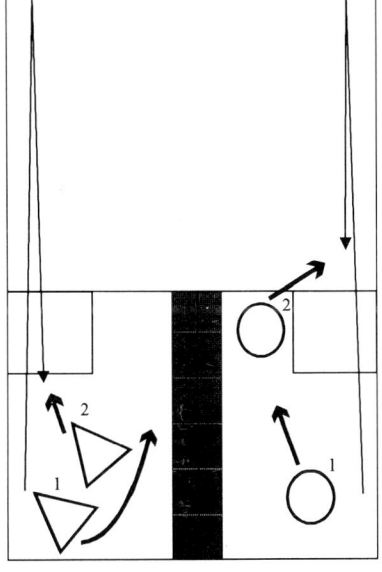

Abb. 63: Longline- oder Seitenwandspiel mit vier Personen auf einem Court

Auf der oben stehenden Abbildung sehen Sie in der Mitte des Courts eine schraffierte Fläche. Diese Sicherheitszone sollte möglichst von keinem der vier Spielpartner betreten werden, damit Kollisionen ausgeschlossen werden.

Seitenwandspiel (vier Personen auf einem Court)
Auch das Seitenwandspiel ist Ihnen bereits bekannt (vgl. Kap. 6). Dieses Spiel kommt dem Doppelspiel, sofern die Spielpartner sich auf „Rechts-Links" geeinigt haben, schon sehr nahe. Achten Sie aber insbesondere dann, wenn Ihr Spielpartner versucht, Sie „einzusperren", oder aber, wenn er einen ungenauen Ball spielt, der weit in die Mitte des Courts abspringt, darauf, daß Sie immer Rücksicht auf die Spielpartner in der anderen Courthälfte nehmen. Brechen Sie vor allen Dingen dann den Ballwechsel ab, wenn der Ball aufgrund eines schlechten Schlages in die gegenüberliegende Seite gelangt.

Wenn Sie die oben stehenden Übungen regelmäßig wiederholen, werden Sie sich langsam an die engeren Räume gewöhnen, die Ihnen beim Doppelspiel zur Verfügung stehen – und dann steht einem ersten Versuch auch nichts mehr entgegen. Und wenn Sie es erst einmal probiert haben, werden Sie erleben, daß auch diese Form von Squash unglaublich viel Spaß bringen kann.

6 Übungs-, Trainings- und Spielformen für Anfänger und Fortgeschrittene

Was für alle anderen Sportarten gilt, gilt selbstverständlich auch für Squash: Wenn Sie Ihre Spielfähigkeit tatsächlich verbessern wollen, kommen Sie nicht darum herum, zu üben bzw. zu trainieren. Natürlich werden Sie auch gewisse Fortschritte erzielen, wenn Sie regelmäßig (nach Möglichkeit mit solchen Spielpartnern, die bereits ein höheres Spielkönnen besitzen als Sie) spielen. Wenn Sie jedoch den Ehrgeiz haben, über ein gewisses „Freizeitniveau" hinauszukommen, so bleibt Ihnen ein systematisches Üben nicht erspart.

Die Übungs- und Spielformen in diesem Kapitel sind so zusammengestellt, daß damit alle wesentlichen technischen und taktischen Komponenten des Spiels erlernt bzw. verbessert werden können. Sie sind das Ergebnis langjähriger Trainingserfahrung auf allen Leistungsebenen.

Damit Ihnen das Training aber auch wirklich den erhofften Erfolg (und selbstverständlich auch den entsprechenden Spaß bringt, sollten Sie die folgenden *Trainingsgrundsätze* genau beachten:

Langsam beginnen – dann das Tempo steigern
Beginnen Sie alle Übungen langsam. Legen Sie zunächst großen Wert auf eine technisch saubere Ausführung aller Schläge und Laufbewegungen und steigern Sie das Spieltempo erst, wenn Sie den gesamten Übungsablauf sicher beherrschen.

Qualität geht vor – kontrollieren Sie sich
Mit jeder Übungs- und Trainingsform verfolgen Sie immer mindestens ein Ziel. Wenn Sie z.B. alleine im Court Longlines üben, so wollen Sie, daß diese eine bestimmte („gute") Länge haben und möglichst nahe an der Seitenwand („gute Breite") bleiben. Kontrollieren Sie die Qualität Ihrer Übungsausführung, indem Sie sich Zielflächen (z.B. das Aufschlagviereck) vorgeben, in denen die von Ihnen gespielten Bälle auftreffen sollen.

Anmerkung: Es kann Ihnen sogar helfen, wenn Sie zusätzliche Markierungen im Court (z.B. Linien parallel zu den Seitenwänden) anbringen. Benützen Sie dafür ein Klebeband, wie Sie es vom Abkleben bei Malerarbeiten kennen, es läßt sich nach dem Üben problemlos und ohne Rückstände wieder entfernen.

Eine zusätzliche Kontrollmöglichkeit haben Sie, wenn Sie Ihre Schläge zählen. Also z.B.: Wieviele Schläge benötigen Sie, um bei der Longline-Einzelübung 10 x die vorgegebene Zielfläche zu treffen. Wenn Sie Ihre „Ergebnisse" über einen längeren Zeitraum festhalten, können Sie Ihre Übungsfortschritte daran unmittelbar ablesen.

Zuerst miteinander – dann gegeneinander
Immer dann, wenn Sie mit einer neuen Übungs- oder Trainingsform beginnen, die Sie gemeinsam mit Ihrem Spielpartner durchführen, sollten Sie diese zunächst *miteinander* spielen. D.h., sie sollten versuchen, alle Bälle so zu plazieren, daß Ihr Spielpartner diese gut erreichen kann und so längere Ballwechsel ohne Unterbrechungen zustande kommen. Erst wenn Sie gemeinsam dieses Ziel erreicht haben, sollten Sie beginnen, *gegeneinander* zu spielen, als möglichst so genau, daß der jeweils andere Spielpartner Probleme bekommt, den nächsten Ball zu spielen.

Die nachfolgenden Übungen sind in verschiedene Kategorien aufgeteilt. *Einzelübungen* können Sie alleine, d.h. ohne Spielpartner durchführen. Das Üben alleine im Court ist im Squash eigentlich fester Bestandteil jedes Trainingsprogrammes. Scheuen Sie sich also nicht davor, auch alleine zu üben. Sie erreichen hierbei eine hohe Übungsintensität und werden entsprechende Fortschritte verzeichnen können.

Übungen mit Zuspieler sind solche, bei denen ein Spielpartner die Funktion des „Trainers" übernimmt. Solche Übungen sind vor allem für Anfänger und weniger Geübte sehr hilfreich. Wechseln Sie sich mit Ihrem Spielpartner ab; Sie werden sehen, auch als „Zuspieler" verbessern Sie die Präzision Ihrer Schläge.

Schließlich gibt es noch einen großen Teil *gemeinsamer Übungsformen*. Als solche bezeichnen wir alle diejenigen, bei denen beide Spielpartner gemeinsam, sozusagen „gleichberechtigt" miteinander üben bzw. trainieren.

Die gemeinsamen Übungen sind in verschiedenen Einheiten zusammengefaßt. Jede Einheit beginnt immer mit einer *Standardübung*. Als Standardübung bezeichnen wir eine solche, bei der die Aufgaben für beide Spielpartner genau festgelegt sind (z.B. Boast-Longline). Zu jeder Standardübung bieten wir Ihnen Übungsvarianten an. Damit sind Übungen bezeichnet, die sich aus der Standardübung ableiten, immer aber mindestens eine Entscheidungsmöglichkeit beinhalten, d.h. mindestens einem der beiden Spielpartner bei seinem Schlag die Möglichkeit zur Wahl zwischen zwei alternativen Schlägen geben. Das Ziel dieser *Entscheidungsübungen* ist es, neben dem technischen Ablauf einzelner Schläge auch das taktische Verhalten – den richtigen Schlag im richtigen Moment – zu schulen. Deshalb sprechen wir in diesem Zusammenhang auch von *Entscheidungstraining*. Wenn einzelne Übungen mehrere Entscheidungsmöglichkeiten beinhalten, so bezeichnen wir dies als *zunehmende Komplexität* der Übungsform. Übungen schließlich, die für beide Spielpartner immer mehrere Handlungsalternativen zulassen, nennen wir *Spielformen*, da sie bereits wesentliche Elemente eines Squash-Spiels, insbesondere was das Entscheidungshandeln, also das taktische Verhalten angeht, beinhalten.

Je komplexer Übungsformen werden, desto höher werden die Anforderungen an die Trainierenden. Deshalb sollten Sie sich immer die Übungen heraussuchen, die Ihrer jeweiligen Könnensstufe entsprechen.

Jede Übung wird mit ihrer *Beschreibung* eingeführt. Danach wird das *Ziel* der Übung benannt und schließlich geben wir Ihnen, sofern dies notwendig und sinnvoll erscheint, noch *Hinweise zur Durchführung*.

6.1 Einzelübungen

(1) Ball tippen

Beschreibung: Spielen Sie den Ball mehrmals nacheinander mit der Vorhand, dann mit der Rückhand und schließlich abwechselnd vor den Körper senkrecht in die Höhe. Variieren Sie hierbei die Höhe.

Übungsziel: Ball tippen aus der Unterarmdrehung, Treffen des Balles mit fixiertem Handgelenk, Lösen des Blickes vom Schläger, Orientierung auf die Ballbeobachtung.

Abb. 64: Ball tippen

(2) Ball prellen

Beschreibung: Prellen Sie den Ball (mit rotem Punkt) aus der Unterarmdrehung vor dem Körper mit der Vorhand mehrmals auf den Boden. Erhöhen Sie mit der Zeit die Prellgeschwindigkeit.

Übungsziel: Beschleunigung des Balles aus der Unterarmdrehung mit fixiertem Handgelenk, Kräftigung der Unterarmmuskulatur.

Hinweis zur Durchführung: Achten Sie darauf, daß Ihr Handgelenk immer angewinkelt bleibt.

Abb. 65: Ball prellen

(3) Einzelübung Longline

Beschreibung: Spielen Sie den Ball möglichst oft hintereinander parallel zur Seitenwand, so daß er möglichst immer im gleichen Bereich (z.B. in der Aufschlagbox) aufspringt.

Übungsziel: Kontrolliertes Schlagen von Longlines parallel zur Seitenwand, Erlernen bzw. Verbessern einer frühen Schlagvorbereitung und einer vorbereitenden Beinarbeit.

Hinweis zur Durchführung:
- Spielen Sie diese Übung auf der Vorhand- und auf der Rückhandseite.
- Spielen Sie die Longlines nicht zu hart. Der Ball fliegt sonst ungenau und es fehlt die Zeit für die Schlagvorbereitung.

92 ÜBUNGS-, TRAININGS- UND SPIELFORMEN

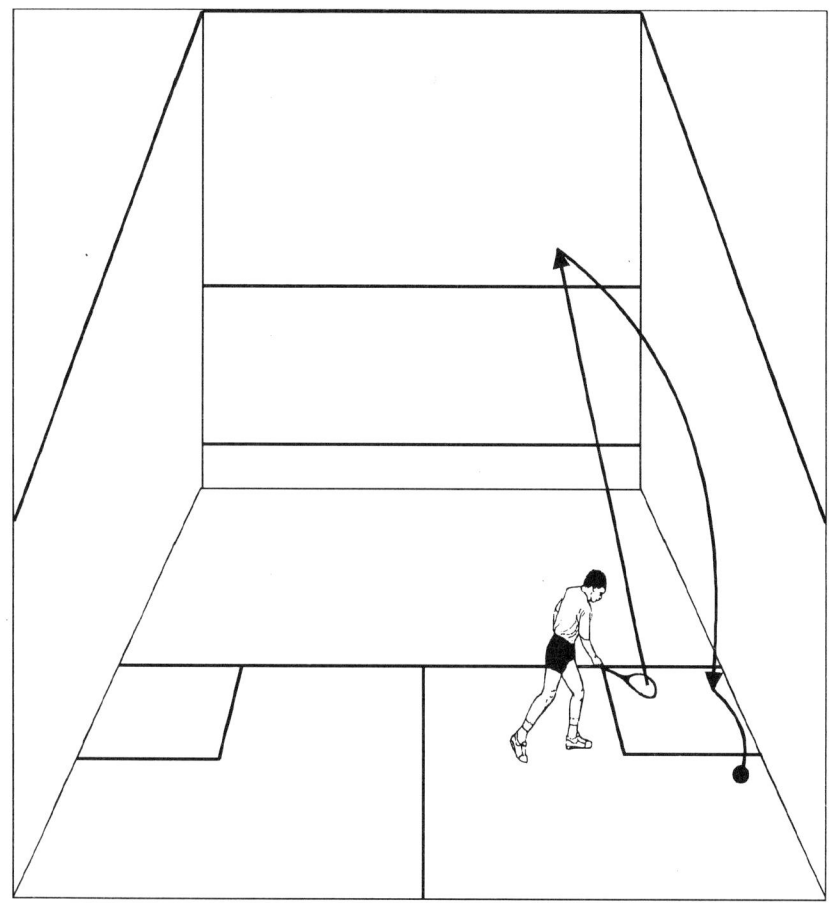

Abb. 66: Einzelübung Longline

Mögliche Varianten: Spielen Sie alle Bälle so, daß diese
- die Frontwand oberhalb der Aufschlaglinie treffen und im Aufschlagviereck landen,
- die Frontwand unterhalb der Aufschlaglinie treffen und im Aufschlagviereck landen,
- die Frontwand oberhalb der Aufschlaglinie treffen und hinter dem Aufschlagviereck landen,

- die Frontwand unterhalb der Aufschlaglinie treffen und hinter dem Aufschlagviereck landen (sehr schwer).
- Spielen Sie abwechselnd einen Ball höher an die Frontwand und dann einen Volley-longline.
- Spielen sie nur Volley-longlines. Variieren Sie dabei Härte, Höhe und Länge Ihrer Schläge.

(4) Den Ball über Eck schlagen

Beschreibung: Sie stehen in der Ausgangsstellung am T frontal in die vordere rechte Ecke ausgerichtet. Jetzt spielen Sie den Ball abwechselnd mit der Vor- und Rückhand an die Stirn- bzw. Seitenwand, so daß er immer wieder auf die T-Position zurückspringt.

Übungsziel: Präzises Spielen des Balles aus einer schnellen und schwungvollen Schlagbewegung.

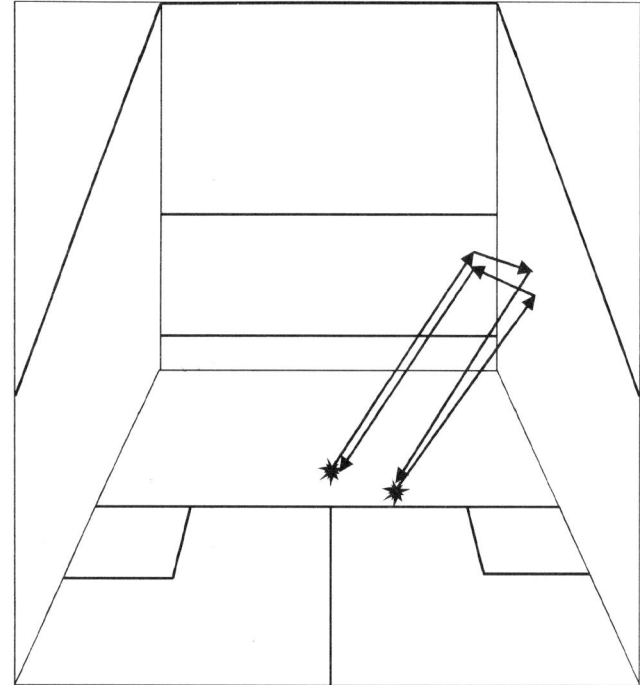

Abb. 67:
Ball über Eck
schlagen

Durchführung: Beginnen Sie mit langsamen und weichen Schlägen. Sobald Sie die Übung flüssig spielen können, steigern Sie Schlaghärte und Übungsgeschwindigkeit. Wechseln Sie anschließend die Spielecke.

(5) Butterfly

Beschreibung: Spielen Sie den Ball mit schwunghaften Schlagbewegungen abwechselnd mit der Vor- und Rückhand über die beiden vorderen Ecken.

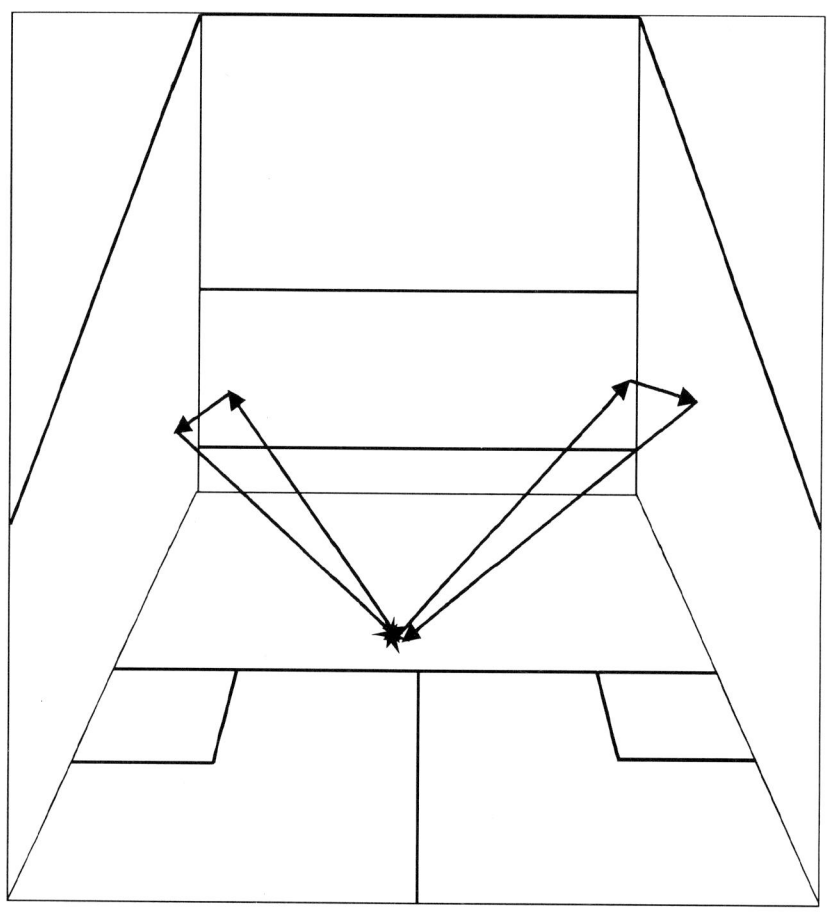

Abb. 68: Butterfly

Übungsziel: Schnelles, schwungvolles Schlagen; Zielgenauigkeit beim Schlag.

Durchführung: Die Übung gelingt nur, wenn Sie den Oberkörper in die unterschiedlichen Schlagrichtungen mitdrehen und nach jedem Schlag schnell wieder ausholen (Schlagbereitschaft).

Mögliche Varianten:
- Spielen Sie auf der Vorhandseite höher an die Frontwand und dann mit der Rückhand einen Volley und umgekehrt.
- Spielen Sie die gesamte Übung nur als Volleyübung.

6.2 Übungen zu zweit

(1) Einschlagen (vor dem Training)

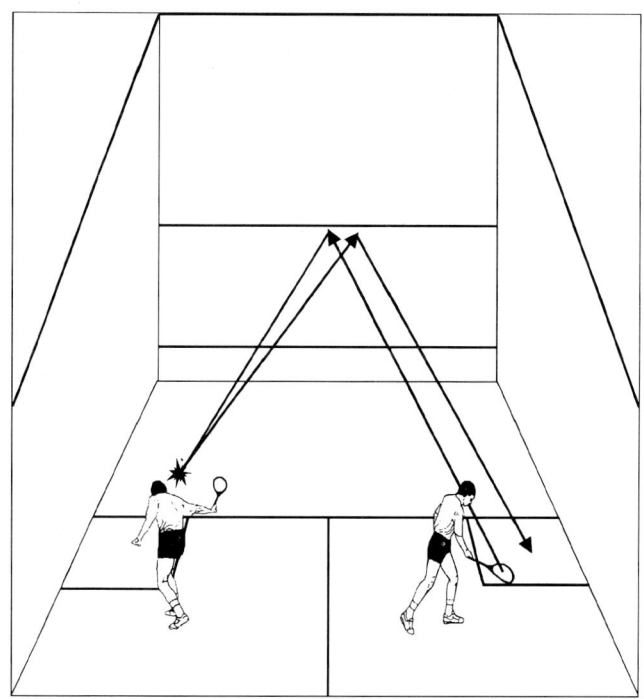

Abb. 69:
Einschlagen
hinten

96 ÜBUNGS-, TRAININGS- UND SPIELFORMEN

Beschreibung: Beide Spielpartner stehen im hinteren Bereich des Courts und spielen sich den Ball mit Crosscourts zu. Zielfläche ist jeweils die Aufschlagbox auf der anderen Seite.

Übungsziel: Flüssiges Schlagen, Ballbeobachtung, richtige Stellung zum Ball.

Durchführung: Jeder Spielpartner bleibt auf seiner Seite; mit weichen, höheren Crosscourts beginnen, dann die Schlaghärte steigern.

Mögliche Varianten:
- Beide Spielpartner spielen nur Volleys.
- Beide Spielpartner stehen vor der Mittellinie und schlagen sich ein (für Fortgeschrittene; zur Verbesserung der frühen Schlagbereitschaft).

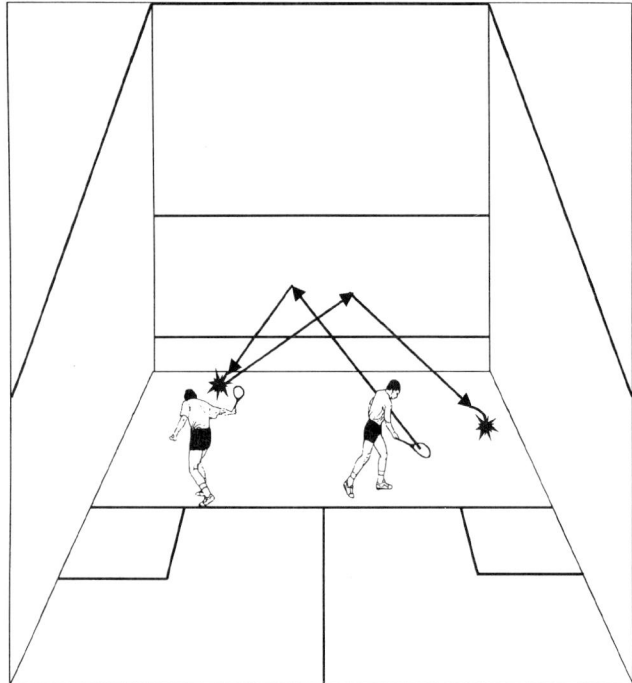

Abb. 70: Einschlagen vorne

(2) Longline-Longline (gemeinsame Übungsform)

Beschreibung: Die Spielpartner spielen auf einer Seite des Courts abwechselnd Longlines.

Übungsziel: Präzises Spiel an der Seitenwand mit Longlines; Üben der Beinarbeit und des Wegfreimachens für den Spielpartner.

Durchführung: Die Bälle sollen hinter die Mittellinie in die Aufschlagbox gespielt werden. Damit werden die Übungsbedingungen erleichtert. Fortgeschrittene Spieler können die Bälle auch weiter nach hinten spielen, da sie weniger Probleme mit den Rückschlägen haben.

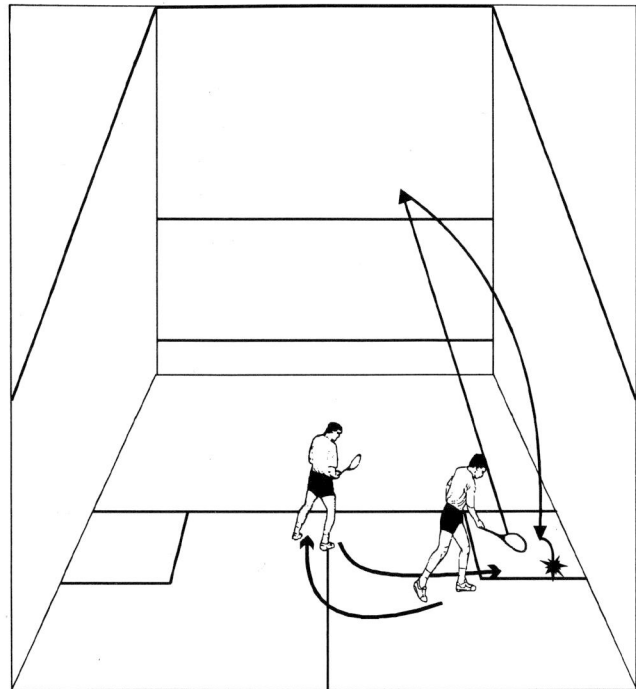

Abb. 71:
Partnerübung
Longline

98 ÜBUNGS-, TRAININGS- UND SPIELFORMEN

Mögliche Varianten:
- Beide Spielpartner versuchen, den Ball bereits im Halbfeld zu erreichen und als Volley-Longline zurückzuspielen.
- Wenn es einem Spielpartner gelingt, den Ball Volley zu spielen, kann er statt eines Longlines auch einen Crosscourt spielen; das Spiel wird dann auf der anderen Seite fortgesetzt.

(3) Longline-Stop (gemeinsame Übungsform)

Beschreibung: Ein Spielpartner spielt aus dem hinteren Bereich des Courts kurze Bälle (Stops), der andere aus dem vorderen Bereich Longlines.

Übungsziel: Aus der Bewegung vom T kurze Zuspiele mit Longlines retournieren. Auf gute Länge und Breite achten. Der hintere Spieler übt Stops.

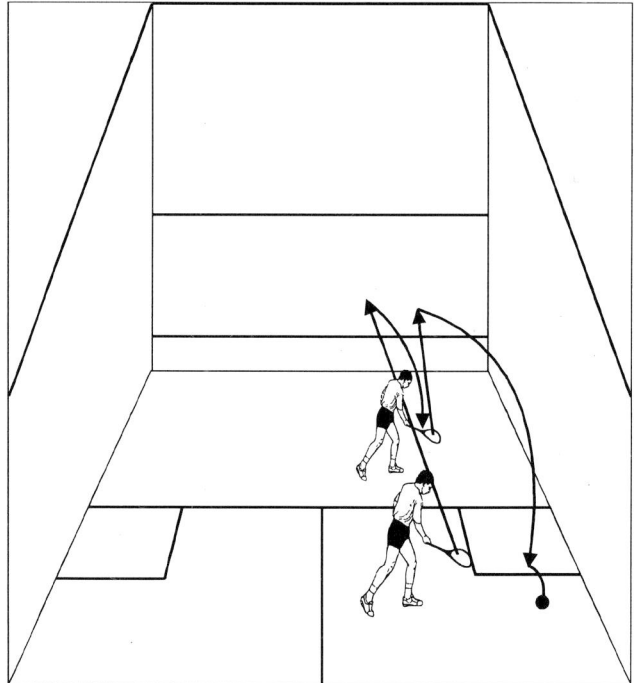

Abb. 72:
Partnerübung
Longline-Stop

ÜBUNGS-, TRAININGS- UND SPIELFORMEN 99

Durchführung: Der vordere Spieler soll nach seinem Schlag immer zur T-Position zurücklaufen. Das Zuspiel des hinteren Spielers muß entsprechend getimt sein. Es können Zielflächen vereinbart werden, um die Qualität der Schläge zu kontrollieren. Wechsel der Positionen nach einer vereinbarten Trefferzahl.

(4) Longline-Crosscourt (gemeinsame Übungsform)

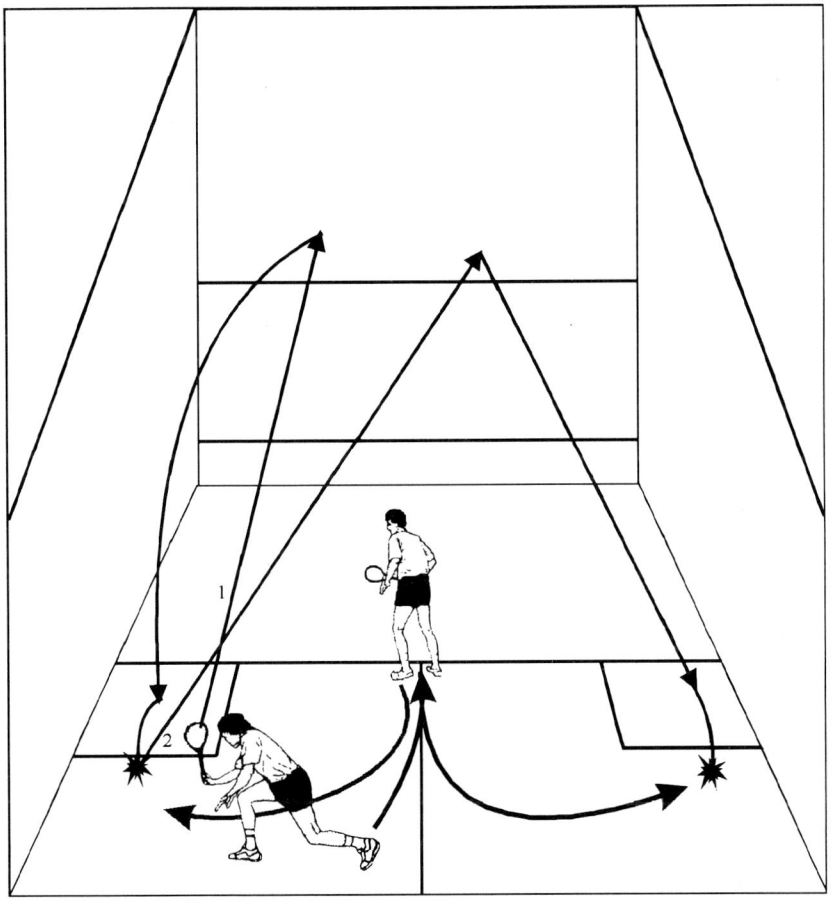

Abb. 73: Partnerübung Longline-Crosscourt

Beschreibung: Jeder Spielpartner schlägt hintereinander einen Longline und einen Crosscourt. Die Bälle sollen hinter der Aufschlaglinie aufspringen.

Übungsziel: Ballkontrollübung für Longline und Crosscourt aus der hinteren Courthälfte.

Mögliche Varianten:
- Longline-Longline-Crosscourt. A spielt einen Longline, B ebenfalls, nun spielt A einen Crosscourt, B wieder einen Longline usw.

Hinweise zur Durchführung:
- Wichtig ist es, daß beide Spielpartner die Laufwege so wählen, daß der Weg zum Ball für denjenigen freigemacht wird, der den nächsten Schlag ausführen soll.
- Spiel nur in der hinteren Courthälfte (Spielform). A schlägt auf und B retourniert mit Longline oder Crosscourt. Ab jetzt steht es beiden Spielpartnern frei, Longlines oder Crosscourts zu spielen (auch Volleys sind erlaubt), allerdings dürfen alle Bälle den Boden nur in der hinteren Courthälfte berühren.

(5) Boast-Crosscourt (gemeinsame Übungsform)

Beschreibung: Der hintere Spieler A spielt einen Vorhand-Boast, der vordere Spieler B einen Rückhand-Crosscourt.

Übungsziel: Ballkontrollübung für Boast und Crosscourt, Üben der Beinarbeit im vorderen Bereich (Anlaufen des Boasts).

Hinweise zur Durchführung: Die Boasts können als 2- oder 3-Wand-Boasts gespielt werden, der Cross soll das Aufschlagviereck möglichst dicht an der Seitenwand treffen.

Mögliche Varianten
- A spielt wie oben beschrieben, B spielt abwechselnd einen Crosscourt und einen Longline. Damit werden regelmäßig die Seiten gewechselt.
- Ablauf wie zuvor, jedoch kann B wählen, wann er Longline und wann Crosscourt spielt.

ÜBUNGS-, TRAININGS- UND SPIELFORMEN 101

Abb. 74:
Partnerübung
Boast-Crosscourt

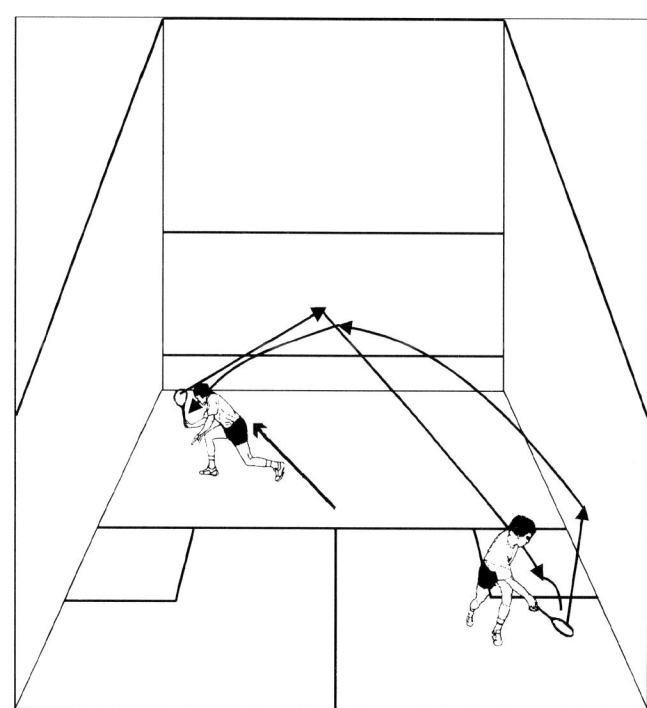

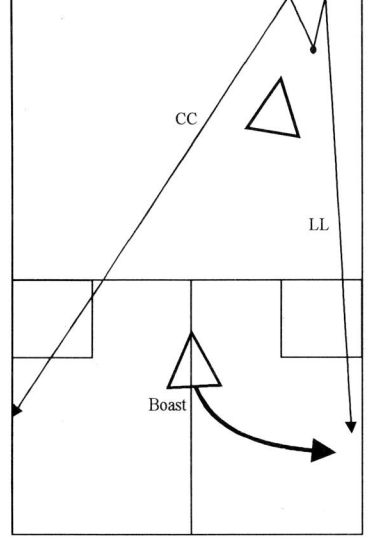

Abb. 75: Longline/Cross gegen Boast

- B spielt immer Crosscourt, A kann entweder Boast oder Stop spielen.
- B kann zwischen Longline und Crosscourt wählen, A entweder Boast oder Stop spielen.

102 ÜBUNGS-, TRAININGS- UND SPIELFORMEN

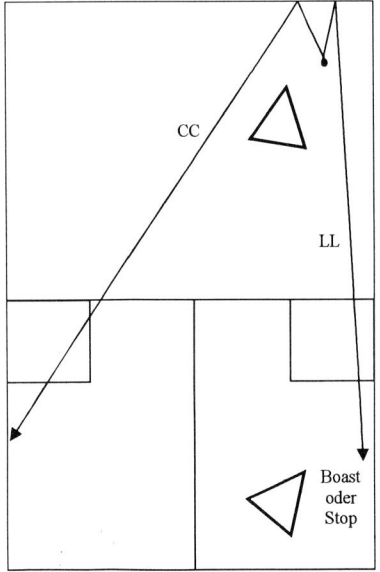 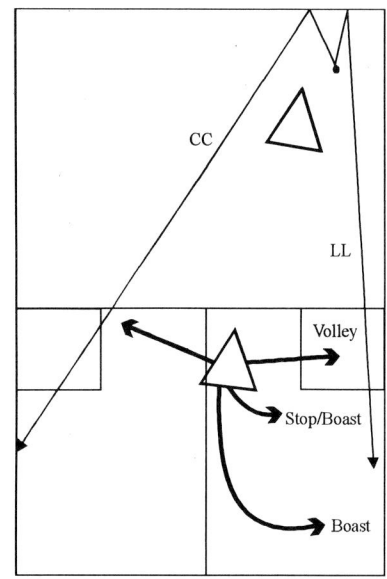

Abb. 76:
Longline/Cross gegen Boast/Stop

Abb. 77: Positionswechsel nach Volley-Longline

- Gleicher Ablauf wie zuvor; gelingt es dem hinteren Spieler einen Ball von B als Volley-Longline zu spielen, wechseln sie die Positionen usw.

(6) Boast-Lob

Beschreibung: Der hintere Spieler A spielt Boasts, der vordere Spieler B spielt Crosscourt-Lobs.

Übungsziel: Ballkontrollübung für Boast und Lob, Üben der Laufarbeit im vorderen und hinteren Feldbereich.

Hinweis zur Durchführung: Der Lob soll so hoch an die Frontwand gespielt werden, daß er von der T-Position aus für A nicht zu erreichen ist. Der Lob soll im hinteren Feldbereich die Seitenwand berühren, bevor er in der hinteren Ecke aufspringt.

ÜBUNGS-, TRAININGS- UND SPIELFORMEN   103

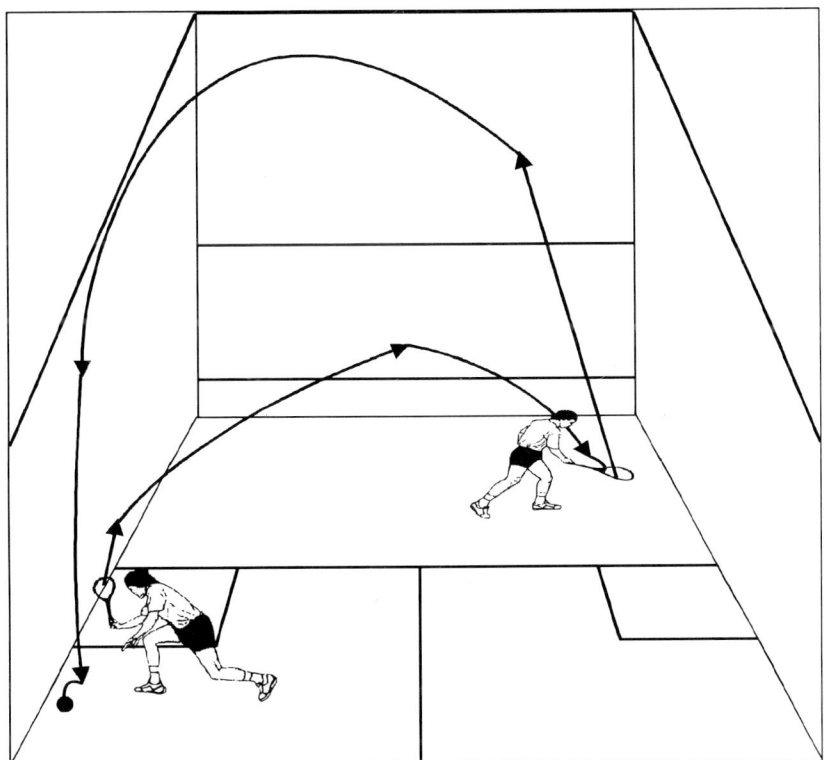

Abb. 78: Partnerübung Boast-Lob

Mögliche Varianten:
- A spielt wie oben beschrieben, B spielt abwechselnd einen Crosscourt-Lob und einen Longline-Lob.
- A spielt abwechselnd einen Boast und einen Stop, B immer Crosscourt-Lob.

(7) Boast-Longline (Standardübung)

Beschreibung: Der hintere Spielpartner (A) bringt den Ball mit einem Vorhand-Boast ins Spiel, der vordere Spielpartner (B) retourniert mit Rückhand-Longline. A spielt nun Rückhand-Boast, B anschließend Vorhand-Longline. Danach wiederholt sich der Ablauf. Nach einer bestimmten Zeit werden die Positionen auf dem Court gewechselt.

Übungsziel: Boast bzw. Longline sollen kontrolliert und möglichst ohne Fehler gespielt werden. Die Lauftechnik wird squashspezifisch geübt. Bei entsprechender Dauer und Intensität der Übung stellt sie ein gutes aerobes Ausdauertraining dar.

Durchführung: Die korrekte Lauftechnik (nach dem Schlag zurück zur T-Position) soll beachtet werden. Ferner sollen die Spieler situativ entscheiden, ob eher höher/weicher oder flacher/härter gespielt werden kann (je nach Zeitdruck).

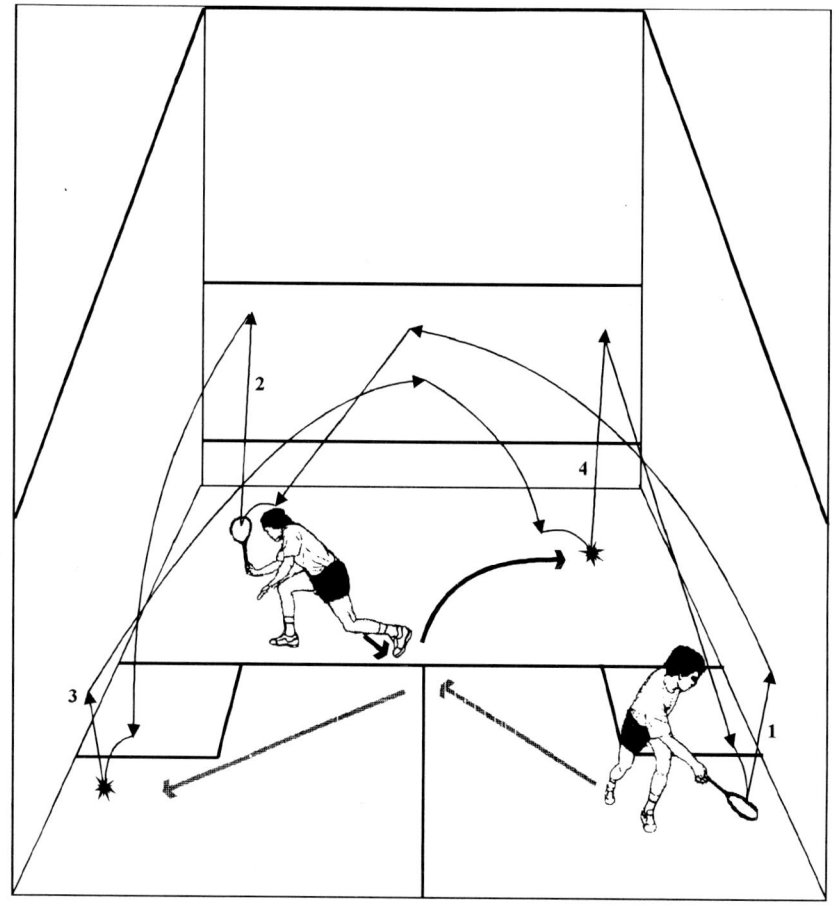

Abb. 79: Partnerübung Boast-Longline

ÜBUNGS-, TRAININGS- UND SPIELFORMEN

Mögliche Variationen:
- A kann statt eines Boasts auch einen Longline spielen. B muß dann in die hintere Courthälfte, spielt ebenfalls einen Longline, A kann wieder entscheiden, ob er Boast oder Longline spielt usw. (Entscheidungsübung für A).
- A spielt wie zuvor, B darf anstelle eines Longlines auch einen kurzen Boast spielen. A muß dann in die vordere Courthälfte und spielt einen Longline und B spielt aus der hinteren Courthälfte weiter (Entscheidungsübung für A und B).
- Spielform mit Boast und Longline. A schlägt auf und B retourniert mit einem Longline. Von jetzt ab können beide Spielpartner nach belieben Boasts oder Longlines spielen, alle anderen Schläge sind jedoch nicht erlaubt.

(8) Longline-Longline-Boast

Beschreibung: Spielpartner A spielt einen Longline, Spielpartner B ebenfalls und nun A einen Boast. Bei dieser Übung werden Positionen und Spielfeldseiten ständig gewechselt.

Übungsziel: Longline und Boast kontrolliert aus der Bewegung nach Positionswechseln schlagen.

Hinweis zur Durchführung: Die Übung ist bei entsprechender Intensität konditionell sehr anspruchsvoll.

Mögliche Variation:
Der Spielpartner, der nach dem Boast mit Schlagen an der Reihe ist, kann entscheiden, ob er Longline oder Crosscourt spielen will (Entscheidungsübung).

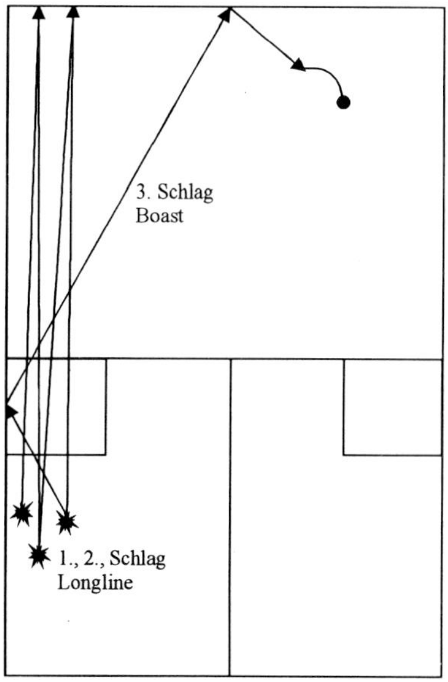

Abb. 80: Partnerübung Longline-Longline-Boast

(9) Boast-Stop-Lob

Beschreibung: Der hintere Spielpartner A beginnt mit einem Boast, der vordere Spielpartner B spielt darauf einen Stop und nun antwortet der nach vorne aufrückende A mit einen Lob. Daraufhin schlägt B einen Boast usw.

Übungsziel: Ballkontrollübung für Boast, Stop, Lob mit spielnahen Anforderungen an die Laufarbeit. Gute Übung für spielspezifisches Ausdauertraining.

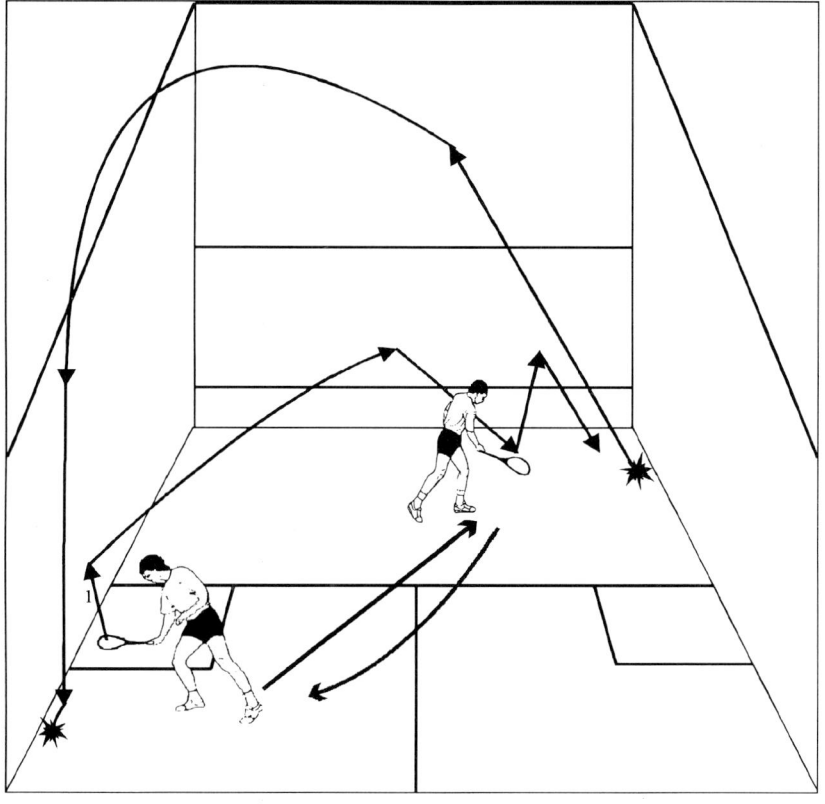

Abb. 81: Boast-Stop-Lob

Hinweis zur Durchführung: Durch die ständig wechselnden Anforderungen ist die Übung sehr komplex. Der Ball soll zunächst möglichst fehlerfrei im Spiel gehalten werden, um einen Übungsrhythmus herzustellen. Der Spieler, der in der vorderen Ecke den Stop spielt, muß darauf achten, den Laufweg für den Spieler freizumachen, der anschließend den Lob spielt.

Mögliche Varianten:
- Der Spielpartner, der nach dem Boast mit Spielen an der Reihe ist, kann entscheiden, ob er einen geraden oder einen Crosscourt-Stop spielt.
- Der Spielpartner, der nach dem Stop mit Spielen an der Reihe ist, kann entscheiden, ob er Longline-Lob oder Crosscourt-Lob spielt.
- Der Spielpartner, der nach dem Lob mit Spielen an der Reihe ist, kann entscheiden, ob er Boast oder Stop spielt.

(10) Boast-Lob-Longline

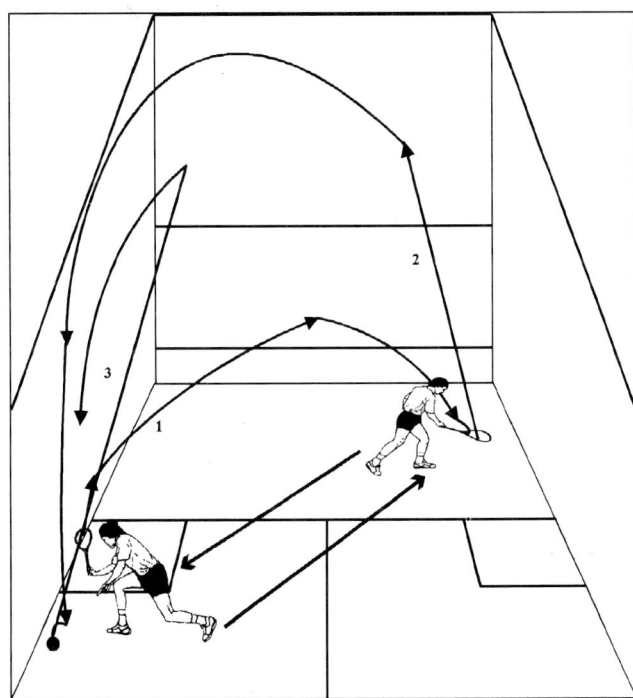

Abb. 82:
Boast-Lob-
Longline

Beschreibung: Der hintere Spielpartner A beginnt mit Boast, der vordere Spielpartner B spielt daraufhin einen Lob und nun A einen Longline. Nun spielt der inzwischen nach hinten gelaufene B einen Boast usw.

Übungsziel: Ballkontrollübung für Boast, Lob, Longline mit spielnahen Anforderungen an die Laufarbeit. Gute Übung für spielspezifisches Ausdauertraining.

Hinweis zur Durchführung: Durch die wechselnden Anforderungen ist die Übung sehr komplex. Der Ball sollte möglichst fehlerfrei im Spiel gehalten werden, um einen Übungsrhythmus herzustellen. Bei Positionswechseln in den vorderen und hinteren Bereich sollen Behinderungen bei der Laufarbeit vermieden werden.

Mögliche Varianten:
- Der Spielpartner, der nach dem Boast mit Spielen an der Reihe ist, kann entscheiden, ob er einen Longline-Lob oder einen Crosscourt-Lob spielt.
- Der Spielpartner, der nach dem Lob mit Spielen an der Reihe ist, kann entscheiden, ob er einen Longline oder einen Volley-Longline spielt.
- Der Spielpartner, der nach dem Longline mit Spielen an der Reihe ist, kann entscheiden, ob er Boast oder Stop spielt.

6.3 Zuspielübungen

(1) Volley-Longline mit Zuspiel

Beschreibung: Der vordere Spielpartner A spielt Volley-Longline. Er startet an der T-Position, läuft in die Schlagposition und startet nach dem Schlag zurück in die T-Position. Der hintere Spielpartner B (Zuspieler) soll den Ball so hoch und weich zuspielen, daß für den vorderen Spieler genügend Zeit für die Laufwege und die Schlagausführung zur Verfügung steht.

Übungsziel: Ballkontrollübung für den Volley-Longline auf Vor- oder Rückhand.

Hinweis zur Durchführung: Bei der Durchführung soll darauf geachtet werden, daß die Volleys zunächst ohne Zeitdruck mit guter Länge und Breite gespielt werden. Der Zuspieler kann dann die Bedingungen so variieren, daß die Volleys näher an der Seitenwand und auf unterschiedliche Treffhöhe geschlagen werden.

ÜBUNGS-, TRAININGS- UND SPIELFORMEN 109

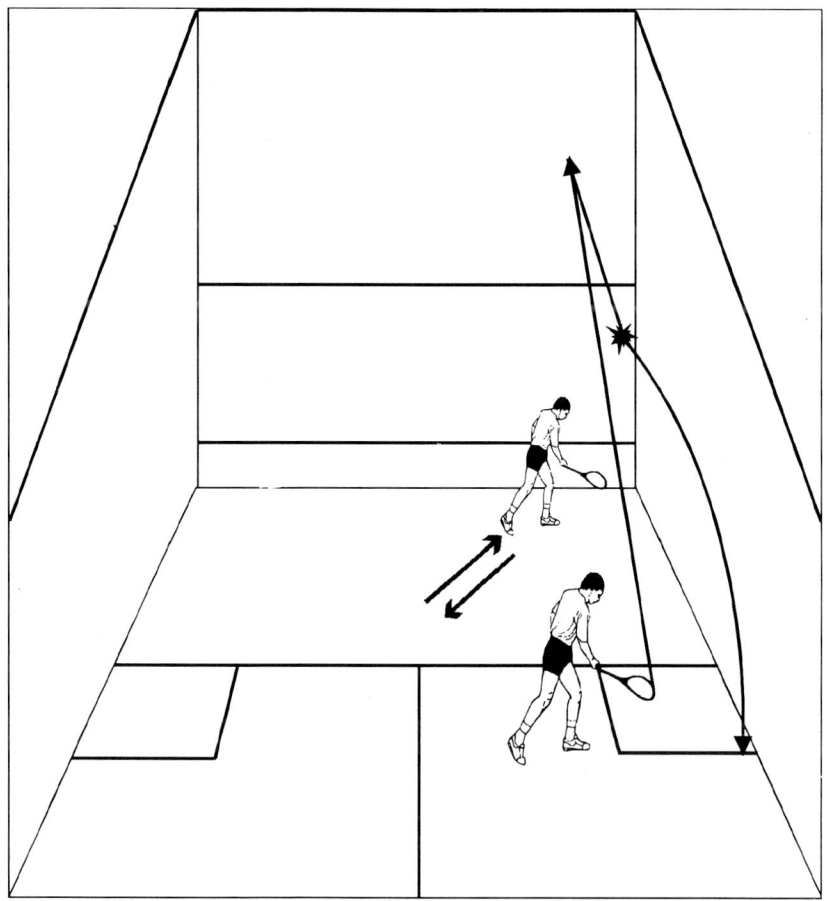

Abb. 83: Volley-Longline

Mögliche Varianten:
- B spielt anstelle des Longline-Zuspiels einen hohen, weichen Crosscourt zu. A spielt abwechselnd Vorhand- und Rückhand-Volley-Longline.

110 ÜBUNGS-, TRAININGS- UND SPIELFORMEN

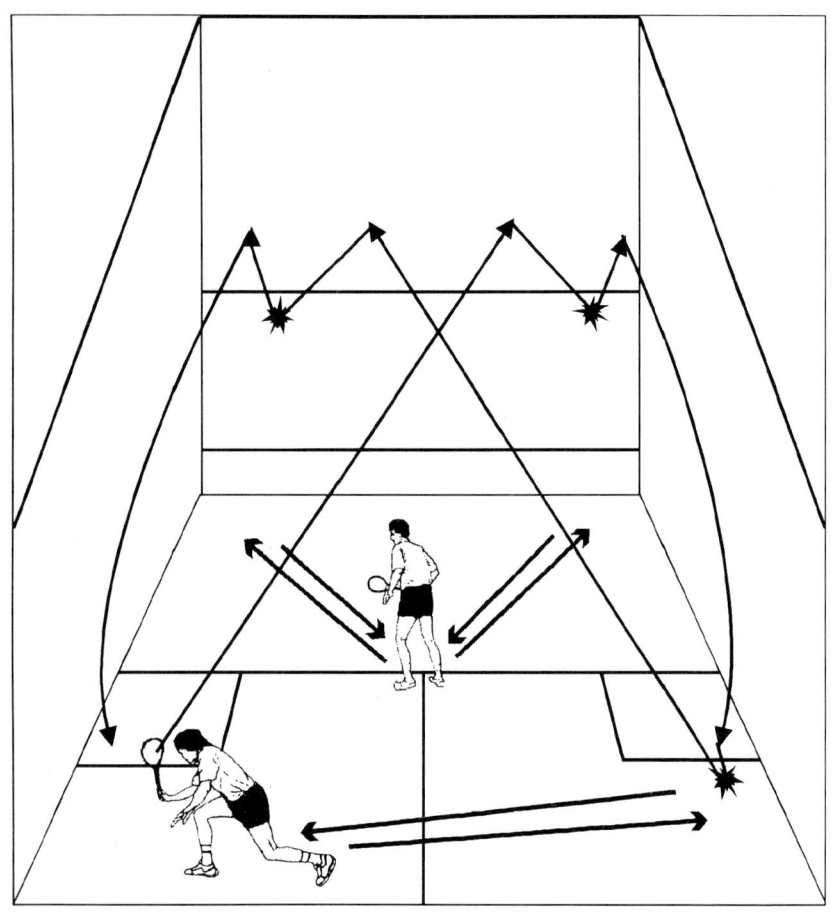

Abb. 84: Volley-Longline auf Crosszuspiel

- B spielt abwechselnd oder variabel die Bälle Longline oder Crosscourt zu, A spielt immer Volley-Longline.
- A kann entscheiden, ob er Volley-Longline oder Volley-Crosscourt spielt, B spielt immer Longline zu.

ÜBUNGS-, TRAININGS- UND SPIELFORMEN

(2) Stop und Longline mit Zuspiel

Beschreibung: Der Spielpartner A (Zuspieler) spielt einen kurzen Ball zu, daraufhin führt der vordere Spielpartner B zwei Schläge direkt hintereinander aus: Auf das kurze Zuspiel zunächst einen Stop und sofort anschließend einen Longline.

Übungsziel: Dadurch, daß ein Spieler zwei Schläge direkt hintereinander ausführen soll, wird die schnelle Schlagvorbereitung (für den 2. Schlag) geübt. Aus der schnellen Schlagvorbereitung wird der Longline möglichst präzise mit guter Länge und Breite geübt.

Hinweis zur Durchführung: Das Zuspiel kann nach den Fähigkeiten des Übenden höher/weicher oder härter/flacher sein. Der Ausschwung beim Stop soll frühzeitig abgebremst werden, um schnelle Schlagvorbereitung für den Longline zu ermöglichen.

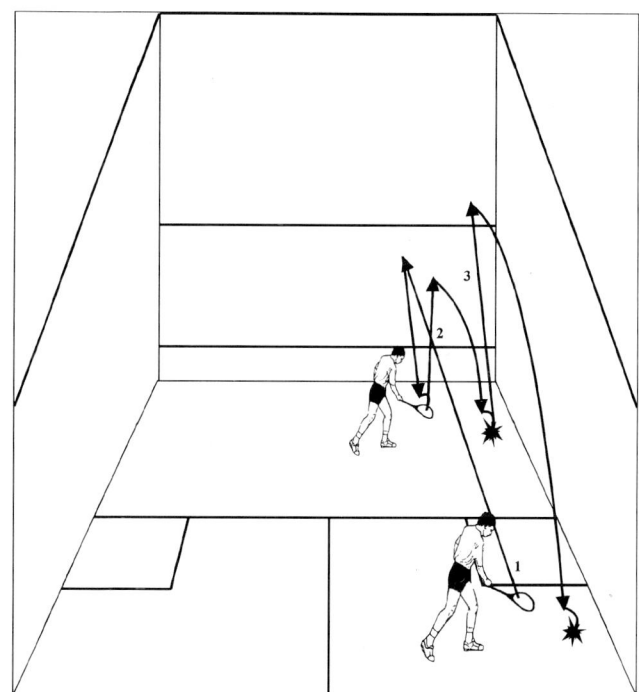

Abb. 85:
Stop-Long-
line

Mögliche Variante:
Der Zuspieler A kann anstelle eines kurzen Longline-Zuspiels auch einen Boast spielen. B muß entsprechend die Seite wechseln.

(3) Longline und Boast mit Zuspiel

Beschreibung: Der vordere Spielpartner A (Zuspieler) spielt den Ball Crosscourt zu, daraufhin führt der hintere Spielpartner B zwei Schläge direkt nacheinander aus, erst einen Longline, dann einen Boast.

Übungsziel: Erlernen und Üben des harten und flachen Boasts aus der Longline-Schlagstellung. Der übende Spieler soll den Boast aus der gleichen Schlagvorbereitung wie beim Longline schlagen, damit im Spiel schwieriger zu erkennen ist, welcher Schlag gespielt wird.

Hinweis zur Durchführung: Das Zuspiel richtet sich nach den Fähigkeiten des übenden Spielers. Der Boast soll mit der gleichen Geschwindigkeit wie der Longline gespielt werden. Die Schlagfläche ist beim Treffen senkrecht zum Boden ausgerichtet, damit der Boast die Stirnwand knapp über dem Tin-Board berührt. Der 2-Wand-Boast soll bevorzugt geübt werden.

Mögliche Variante:
A spielt abwechselnd oder im freien Wechsel anstelle eines Crosscourts einen Longline.

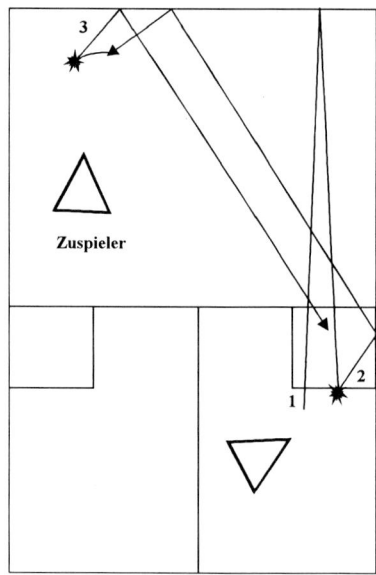

Abb. 86: Longline und Boast

7 Ausrüstung und Sicherheit auf dem Court

Manchen Leser mag die Überschrift dieses Kapitels verwundern, wirft sie doch zunächst zwei Fragen auf.
 Zum einen: In wieweit hat denn die Ausrüstung mit Sicherheit zu tun? - Wir werden später sehen: zumindest, was einzelne Teile, z.B. die Schuhe betrifft, ganz erheblich!
 Und zum zweiten: Lohnt es sich denn überhaupt, der Sicherheit auf dem Court ein eigenes Kapitel zu widmen? Bei anderen Rückschlagspielen, wie z.B. Tennis, Badminton oder Tischtennis spielt dieses Thema doch auch so gut wie keine Rolle? Auch hier ist die Antwort einfach: Da sich bei unserem Spiel *zwei bzw. vier Spielpartner einen Spielraum teilen*, ist ein weitaus höheres Maß an gegenseitiger Rücksicht notwendig, damit der gemeinsame Spaß am Spiel nicht durch Ärger oder gar Verletzungen getrübt wird.
 Eben aus diesem Grunde haben wir die beiden zunächst voneinander unabhängig scheinenden Themen miteinander verbunden - sind sie doch gemeinsam die unabdingbare Voraussetzung dafür, daß die pure Spielfreude aufkommen, oder anders ausgedrückt, sich die „Squash-Sucht" ausbreiten kann.

7.1 Ausrüstung - die Grundausstattung und was sonst noch nützlich ist

Ein Grund, Squash einmal zu probieren, ist sicherlich, daß hierfür keine großen Investitionen nötig sind. T-Shirt, Sporthose und Schuhe sind meistens schon vorhanden und Ball und Racket können in jedem Squash-Center ausgeliehen werden. Trotzdem sollten Sie die folgenden Tips bei der Wahl Ihrer Ausrüstung beachten, wenn Sie sich dazu entschieden haben, regelmäßig Squash zu spielen.

Die Schuhe
Die richtigen Schuhe sind, zumindest was Ihre eigene Sicherheit während des Spiels betrifft, der Teil der Ausrüstung, auf deren Auswahl am meisten Wert gelegt werden sollte. Nicht zuletzt auch deshalb, weil das Angebot an Sportschuhen für die unterschiedlichsten Anforderungen riesengroß und deshalb schwer überschaubar ist und falsches Schuhwerk für Sie zu schlimmen Folgen, in erster Linie nämlich Verletzungen, führen kann.

Auch wenn Sie sich nicht für einen speziellen Squash-Schuh entscheiden wollen, sollten Sie auf alle Fälle einen sog. „Indoor-Schuh" für Hallensportarten auf Parkett- oder anderen glatten Böden (z.B. PVC-Beläge) wählen. Solche Schuhe sind erstens durch eine abriebfeste, helle Naturkautschuksohle mit abgerundetem und seitlich hochgezogenem Rand gekennzeichnet, zweitens ein anatomisch geformtes, sicheren Halt gebendes und gut dämpfendes Fußbett und drittens ein möglichst geringes Gewicht bei gleichzeitig genügender Stabilität für schnelle Richtungs- und Tempowechsel.

Auf gar keinen Fall sollten Sie mit Joggingschuhen Squash spielen, da hier die große Gefahr besteht, daß Sie, z.B. bei schnellen Richtungsänderungen oder weiten Ausfallschritten, aufgrund der scharfen Kanten der Sohlen, wegrutschen oder umknicken und sich dabei verletzen. Darüber hinaus bieten die Sohlen solcher Schuhe meistens nicht genügend Halt, da sie weder aus entsprechend rutschfestem Material noch mit dem richtigen Profil versehen sind.

Auch alle Schuhe mit dunklen Sohlen sollten Sie nicht benutzen, denn diese hinterlassen, übrigens meistens auch dann, wenn die Hersteller das Gegenteil behaupten, unschöne und in aller Regel nur sehr aufwendig wieder zu entfernende dunkle Abriebspuren auf den Courtböden.

Das Racket
Hinsichtlich der Weiterentwicklung der Rackets ist in den vergangenen zehn Jahren einiges geschehen. Während früher hauptsächlich Holz und gelegentlich auch Aluminium zum Bau verwendet wurde, werden die Rackets heute fast ausschließlich aus Kohlefasern (Kevlar, Graphite, Boron, Karbon) oder aus mit Fiberglas verstärkten Kunststoffen hergestellt. Dadurch sind die Rackets im Vergleich zu früher sehr viel (verwindungs-) steifer geworden und ermöglichen ein erheblich höheres Spieltempo. Bespannt sind Squash-Rackets heute fast ausschließlich mit Kunstsaiten, da diese aufgrund der rasanten Entwicklung in der letzten Zeit ähnlich gute Spieleigenschaften aufweisen wie Naturdarmsaiten, dabei aber sehr viel haltbarer sind. Die Bespannungshärten liegen normalerweise zwischen 9 kp und 13 kp, natürlich weichen einige Spitzenspieler mit ihren Bespannungen von diesen Werten ab.

Worauf sollten Sie nun achten, wenn Sie sich ein Squash-Racket kaufen? Diese Frage läßt sich nur schwer beantworten, da manche Spieler sehr leichte Rackets bevorzugen, andere schwerere (Rackets wiegen heute ca. 120-220 Gramm), manche mögen lieber gut ausbalancierte, andere kopflastige. Deshalb sollten Sie auf

AUSRÜSTUNG UND SICHERHEIT

jeden Fall ein Racket testen, bevor Sie es kaufen. In jedem guten Squash-Center können Sie alle dort angebotenen Rackets ausprobieren, manchmal gegen eine geringe Gebühr, die Ihnen dann beim Kauf gutgeschrieben wird. Achten Sie darauf, daß das Racket „gut in der Hand liegt" und daß es vor allen Dingen nicht vibriert, denn dies kann zu Verletzungen im Ellenbogen- und/oder Schulterbereich führen.
Schließlich sollten Sie noch darauf achten, daß Ihr Racket die richtige Griffstärke (siehe Kap. 3) aufweist und mit einem wirklich rutschfesten Griffband versehen ist. Anfängerrackets sind bereits für unter 100 DM zu bekommen, für ein Spitzenracket müssen ca. 150-300 DM veranschlagt werden.

Die Bälle
Squash-Bälle sind normalerweise schwarz, haben ca. 4 cm Durchmesser, bestehen aus einer speziellen Gummi- oder Kautschukmischung und haben ein unterschiedliches Sprungvermögen. Als Grundregel gilt: Gute Spieler spielen mit „langsamen" Bällen, Anfänger und weniger geübte Spieler mit „schnellen" Bällen. Der Grund hierfür ist, daß sich die Bälle während des Spieles erwärmen und zwar um so mehr, je härter sie gespielt werden. Das Sprungvermögen der einzelnen Bälle ist durch verschiedenfarbige Punkte gekennzeichnet.
Es bedeutet:
- blauer Punkt = sehr schneller Ball
- roter Punkt = schneller Ball
- weißer Punkt = langsamer Ball
- gelber Punkt = sehr langsamer, Wettkampfball

Die Bekleidung
Besondere Bekleidung ist zum Squash-Spielen nicht nötig. Es genügen T-Shirt bzw. Polohemd und eine kurze Sporthose bzw. ein Tennisrock. Sie sollten jedoch darauf achten, daß die Bekleidung aus gut schweißaufsaugendem Material besteht und möglichst in hellen Farben gehalten ist, damit sie einen guten Kontrast zu dem schwarzen Ball bildet. Die Socken sollten sehr eng sitzen, damit sie keine Falten im Schuh bilden können, denn dies kann zu Blasen und heftigen Schmerzen führen.
Neben der unmittelbar zum Spielen notwendigen Kleidung empfiehlt es sich, zum Schutz gegen Kälte vor oder zwischen einzelnen Spielen noch einen Trainingsanzug sowie gegebenenfalls Kleidung zum Wechseln mitzubringen.

Schließlich können noch Schweiß- und/oder Stirnbänder nützlich sein, vor allen Dingen dann, wen Sie sehr stark schwitzen. Und auch ein Handtuch sollten sie immer griffbereit vor dem Court liegen haben.

7.2 Die Sicherheitsregeln

Squash hat sich, eigentlich zu Unrecht, im Laufe der Zeit den Ruf eines Spiels mit hohem Verletzungsrisiko erworben. Mindestens für den Fortgeschrittenen und erst recht für den Leistungssportbereich ist genau das Gegenteil der Fall: In allen seriösen Statistiken wird deutlich, daß Squash hinsichtlich der Verletzungshäufigkeit ganz hinten in der Reihe der Ballsportarten liegt. Lediglich bei Anfängern und Ungeübten kommt es häufiger zu Verletzungen – dies hat natürlich seine Ursachen.

Ein Grund, weswegen Squash sich gerade als Freizeitsport so großer Beliebtheit erfreut, ist (wir haben es bereits erwähnt) die Tatsache, daß auch mit nur geringen technischen Grundkenntnissen und ein wenig Ballgefühl schon längere Ballwechsel möglich sind und dadurch von Anfang an viel Bewegung und Dynamik ins Spiel kommt. Allerdings sind mit dieser Dynamik oft auch unkontrollierte Laufbewegungen und fehlende Orientierung verbunden (Ursache sind mangelnde technische Grundkenntnisse in bezug auf die Schlag- und Laufbewegungen und ungenügende Regelkenntnisse). Und genau hier liegen die Risiken und deshalb sollten Sie die folgenden Sicherheitsregeln unbedingt und ausnahmslos beachten. Und: Auch auf die „Gefahr" hin, daß Sie (sofern Sie überhaupt um Punkte spielen) dadurch vielleicht auf den einen oder Punktgewinn verzichten, die Gesundheit des Spielpartners sollte das doch wert sein – oder?

Erste Sicherheitsregel
Führen Sie NIE einen Schlag aus, wenn Sie dabei mit dem Schläger Ihren Spielpartner treffen könnten.

Bedingt durch den engen gemeinsamen Spielraum kommt es während eines Squash-Spiels bei weniger geübten Spielern häufiger zu Spielsituationen, in denen beide Spielpartner auf sehr engem Raum zusammenstehen. Hier besteht oftmals die Gefahr, daß Sie, wenn Sie den nächsten Schlag ausführen sollen, den Spielpartner entweder bei der Aushol- oder aber bei der Ausschwungbewegung mit dem Schläger treffen könnten. *Verzichten Sie in diesem Fall grundsätzlich auf den nächsten Schlag und spielen Sie statt dessen ein „LET", denn die Gefahr, daß Sie Ihrem Spielpartner mit dem Schläger insbesondere gefährliche Augen- oder Kopfverletzungen beibringen können, ist sonst erheblich.*

Zweite Sicherheitsregel
Halten Sie immer genügend Abstand zu Ihrem Spielpartner, wenn dieser dran ist, den Ball zu spielen.

Natürlich ist nicht nur derjenige Spielpartner für die Sicherheit im Court verantwortlich, der den nächsten Schlag ausführen wird, sondern in gleicher Weise derjenige, der gerade den Ball gespielt hat. Die Squash-Regeln besagen, daß Sie Ihrem Spielpartner genügend Raum für eine ungehinderte Schlagbewegung einräumen müssen. Halten Sie deshalb immer einen ausreichenden Sicherheitsabstand ein, selbst auf die „Gefahr" hin, daß Sie dadurch in einen Nachteil für den weiteren Ballwechsel geraten, z.B. weil Sie dann einen weiteren Weg haben, um den nächsten Ball zu erreichen oder weil Sie sich hinter Ihrem Spielpartner „eingesperrt" haben. In fast allen Fällen, in denen Sie einen solchen Nachteil in Kauf nehmen müssen, sind Sie, meist dadurch, daß Sie einen schlechten Ball gespielt haben, „selbst schuld".

Dritte Sicherheitsregel
Führen Sie NIE einen Schlag aus, wenn Sie dabei mit dem Ball Ihren Spielpartner treffen könnten.

Auch wenn Ihr Spielpartner genügend Abstand zu Ihnen hält, kann es vorkommen, daß er Ihnen für Ihr weiteres Spiel im Weg steht. Verzichten Sie dann auf alle Fälle auf den nächsten Schlag, denn auch mit dem Ball können Sie dem Spielpartner schmerzhafte (Blutergüsse u.ä.) und auch gefährliche (z.B. Augen-) Verletzungen beibringen – und spielen Sie auch in einem solchen Fall ein „Let" oder gegebenenfalls einen „Punkt". Die Regeln verlangen, vereinfacht dargestellt, daß Ihnen Ihr Spielpartner soviel Raum für Ihr Spiel läßt, daß Sie mit dem von vorne kommenden Ball die Frontwand des Courts in ihrer gesamten Breite an einem Punkt Ihrer Wahl anspielen können. Verstellt er Ihnen diesen Raum, so können Sie auf Ihren Schlag verzichten und erhalten dennoch den „Punkt". Steht Ihr Spielpartner jedoch im Weg, wenn Sie entweder einen von der Rückwand abprallenden Ball oder einen, von wo auch immer kommenden, Ball über die Rück- oder Seitenwand spielen wollen, so wird das Spiel, nachdem Sie auf Ihren Schlag verzichtet haben, mit einem „Let" fortgesetzt.

In diesem Zusammenhang wollen wir Ihnen noch einen Tip geben, wie Sie von Anfang an möglichen Ärger vermeiden können, der im Zusammenhang mit „Let- und/oder Punktentscheidungen" immer wieder entstehen kann:

Erfahrenere Squasher wissen normalerweise auch dann, wenn sie ohne Schiedsrichter spielen, sehr genau, wann in einer Spielsituation ein „Let" oder ein „Punkt" gegeben werden soll. Natürlich gibt es aber auch Streitfälle. Deshalb sollten Sie sich bereits vor dem Wettspiel mit Ihrem Spielpartner darüber verständigen, wie Sie mit solchen Situationen umgehen wollen. Zwei Möglichkeiten bieten sich hier an:

- Erstens: Sie vereinbaren, daß grundsätzlich bei allen „Let- bzw. Punktsituationen", die Sie und Ihr Spielpartner unterschiedlich bewerten, ein „Let" gespielt wird. Auch wenn im Einzelfall hier die Gefahr besteht, daß Sie sich dadurch „benachteiligt" fühlen – im Laufe von mehreren Spielen gleichen sich diese „Benachteiligungen" eigentlich immer wieder aus.

- Zweitens: Sie vereinbaren, daß bei einer „Let- bzw. Punktsituationen" jeweils der weiter hinten im Court postierte Spielpartner die Situation entscheidet. Normalerweise hat der sich weiter hinten im Court befindende Spielpartner die größere Übersicht und damit die bessere Entscheidungsgrundlage.

Letztlich ist es gleichgültig, für welche der beiden Regelungsmöglichkeiten Sie sich entscheiden. Probieren Sie einfach beide aus, im Laufe der Zeit wird sich herausstellen, womit Sie zufriedener sind. Nur: Sie sollten sich mit Ihrem Spielpartner in jedem Fall *vor Beginn* eines Wettspieles auf eine der beiden Möglichkeiten verständigen, damit Ihre Spielfreude nicht durch endlose Diskussionen über die Bewertung einzelner, unterschiedlich wahrgenommener Spielsituationen getrübt wird.

8 Fachbegriffe

Antizipation
Unter Antizipation versteht man die gedankliche Vorwegnahme gegnerischer Bewegungen, die bei der Bewegungsvorstellung die folgende Eigenbewegung berücksichtigt. Antizipation ist im Squash vor allem bei der Einschätzung von Flugkurven des Balles wichtig. Spieler, die Flugkurven gut antizipieren können, wissen sehr früh, wann und wo sie ihre optimale Schlagposition erreichen können. Weniger bedeutend ist Antizipation zeitlich vor gegnerischen Schlägen, da der Gegner immer die Möglichkeit hat, seine Schlagabsichten durch Täuschungen zu verdecken. Um sicher zu sein, welcher Schlag gespielt wird, muß ein Spieler sich auf den Augenblick konzentrieren, in dem der Ball vom Gegner geschlagen wird.

Armstreckung
Die Armstreckung zum Treffpunkt und die gleichzeitige Unterarmdrehung sind entscheidende Bewegungsmerkmale für die Beschleunigung des Schlägerkopfes. Um den Ball hart schlagen zu können, ist die Armstreckung unverzichtbar.

Aufschlag
Der Aufschlag ist der erste Schlag in jedem Ballwechsel. Er gewinnt seine besondere Bedeutung dadurch, daß er als einziger Ball ohne Beeinflussung durch den Gegenspieler ausgeführt werden kann. Die am häufigsten verwendeten Aufschläge sind der Lobaufschlag (hoch und weit über die Seitenwand in die Hinterecke) und der harte Aufschlag (flach, ohne Seitenwandberührung in die Hinterecke oder auf den Körper des Gegenspielers). Der Lobaufschlag hat im Freizeit-Squash die größte Bedeutung, da er schwierig aus der hinteren Ecke zu retournieren ist.

Ausfallschritt
Der Ausfallschritt ist notwendig, um unter Zeitdruck Bälle zu erreichen und schnell wieder in die T-Position zu starten. Extreme Ausfallschritte sind sehr kraftaufwendig, müssen aber vor allem bei Bällen, die im vorderen Courtbereich gespielt werden, häufig angewendet werden.

Balance
Balance beim Schlagen des Balles ist wichtig, um eine stabile Schlagstellung einzunehmen. Durch Balance wird die Präzision und Ballkontrolle entscheidend mitbestimmt. Wichtigstes Merkmal der Balance ist, daß der Spieler sein Gewicht möglichst schnell in eine andere Richtung verlagern kann.

Ballflugverhalten
Die Einschätzung des Ballflugverhaltens hat für den Squash-Spieler entscheidende Bedeutung. Die Flugkurve des Balles besteht aus mehreren Flugphasen (vom Treffpunkt zur Stirnwand; von der Wand zum ersten Seitenwand- und/oder Bodenkontakt; vom ersten Bodenkontakt zum nächsten Wand- und/oder zweiten Bodenkontakt). Das Ballflugverhalten wird durch Schlaghärte, Schlagrichtung, Drall des Balles und die Einflüsse von Wand und Boden bestimmt.

Ballkontrolle
Ballkontrolle ist Voraussetzung für ein Spiel entsprechend der eigenen taktischen Absicht. Die besten Absichten sind nutzlos, wenn der Ball unkontrolliert hinsichtlich Schlaghärte und Richtung gespielt wird. Ballkontrolle läßt sich in der Regel dadurch verbessern, daß die Schläge weniger hart gespielt werden. Mit zunehmender Schlaghärte hingegen wächst das Risiko unkontrollierter Schläge.

Boast
Mit Boast werden alle Schläge bezeichnet, die zuerst über die Seitenwand (in seltenen Fällen auch über die Rückwand) an die Stirnwand gespielt werden. Boasts sind sehr wirkungsvoll, da der Ball mehrmals die Richtung ändert und vor allem von ungeübten Spielern hinsichtlich der Flugkurve nur schwierig einzuschätzen ist.

Court
Der Court ist Spielfläche und Spielraum zugleich, da die Wände die Spielfläche begrenzen. Der Court hat eine Länge von 9,75 m und eine Breite von 6,40 m (vgl. Abb. 1). Frontwand und Seitenwände sind meist aus speziell beschichtetem Beton oder Mauerwerk. Die Rückwand ist in der Regel aus Glas und nur in älteren Squash-Centern befinden sich noch sog. geschlossene Courts, deren Rückwände aus Mauerwerk bestehen. Bei großen internationalen Turnieren werden Vier-Seiten-Glascourts verwendet, um einer größeren Zuschauerzahl die Beobachtung der Spiele zu ermöglichen. Courts unterscheiden sich in ihren Spieleigenschaften

(z. B. schnelle oder langsame Böden und Wände) zum Teil sehr stark, so daß für relativ ungeübte Spieler das Spielen auf unbekannten Courts am Anfang gewöhnungsbedürftig sein kann.

Crosscourt
Crosscourtschläge sind alle Schläge, die in die gegenüberliegende Seite des Courts gespielt werden. Crosscourt wird mit unterschiedlichen taktischen Absichten gespielt. Wichtig ist vor allem, daß der Gegenspieler sich drehen muß, um den Ball zu erreichen. Der Crosscourt ist sehr effektiv gegen schwere und unbewegliche Gegenspieler einzusetzen. Die Gefahr besteht allerdings darin, daß der Gegenspieler den Crosscourt mit einem Volleyschlag abfangen kann.

Erholung
Um sich im Laufe eines Spiels erholen zu können, muß das Spieltempo reduziert werden. Das bedeutet, daß die Bälle so gespielt werden, daß das Tempo mit hohen und langsamen Schlägen „verschleppt" wird. Der Gegner kann den Ball nicht früh genug erreichen, um das Tempo hochzuhalten oder zu erhöhen. Erholung ist im Verlauf des Spiels, vor allem nach intensiven Ballwechseln mit viel Laufarbeit, notwendig.

Gute Breite
Ohne gute Breite ist auch gute Länge nicht effektiv. Der Ball soll dicht an der Seitenwand entlanggespielt werden. Dies gilt vor allem für den Zeitpunkt, an dem der Gegenspieler den Ball erreichen kann.

Gute Länge
Bälle sind dann mit guter Länge gespielt, wenn der Ball den ersten Bodenkontakt kurz hinter der Aufschlagbox hat. Die gute Länge ist abhängig von Schlaghärte und Flugkurve. Bei geringer Schlaghärte muß der Ball höher gegen die Stirnwand gespielt werden, damit die gewünschte gute Länge erreicht werden kann. Die taktische Absicht besteht darin, den Gegenspieler im hinteren Courtbereich zu halten, damit er nicht so effektiv angreifen kann.

Handgelenk
Eines der schwierigsten Anfängerprobleme im Squash ist ein zu lockeres Handgelenk beim Schlagen des Balles. Die durch den Schwung ausgelöste Beschleunigung des Schlägerkopfes wird in diesem Fall nicht vollständig auf den Ball übertragen.

Das Handgelenk ist die schwächste Stelle beim Schwung. Daher ist es vorteilhaft, das Handgelenk anfangs immer zu fixieren. Die Fixierung in Kombination mit einem festen Griff dient zudem der Übertragung der Kraft der Unterarmmuskulatur in den Schwung. Ungeübter Handgelenkeinsatz hat meist eine große Schlagungenauigkeit zur Folge, kontrollierter Handgelenkeinsatz erfordert einen kontrollierten Schwung und viel Übung.

Hinterecke

Das Spiel aus der Hinterecke ist eines der größten Probleme für Freizeitspieler. Der Raum zum Schlagen ist eng, die Treffpunkte des Balles liegen sehr niedrig, und alle Aktionen müssen mit genauer zeitlich-räumlicher Abstimmung durchgeführt werden. Um dennoch erfolgreich aus der hinteren Ecke spielen zu können, sind drei Hinweise besonders zu beachten:

- 1. Beim Zurücklaufen in die Hinterecke immer großen seitlichen Abstand zum Ball halten und den Ball seitlich vom Körper schlagen.

- 2. Die Stellung zu Seiten- und Rückwand einnehmen, die ein unbehindertes Schwingen erlaubt (40°- bis 90°-Stellung).

- 3. Die Knie beugen, damit der Schlägerkopf nicht „hängt" und bei paralleler Führung des Schlägerschaftes zum Boden unter den Ball gebracht werden kann.

Lauftechnik

Unter Lauftechnik werden alle Schrittvarianten und -kombinationen verstanden. Die Lauftechnik soll so ökonomisch wie möglich sein und ist ein oft unterschätzter Leistungsfaktor. Viele Spieler denken nur an den Weg zum Ball und nicht an den Weg zurück zur T-Position. Wichtig bei der Lauftechnik ist, daß sie physiologisch richtig ausgeführt wird, damit im aktiven und passiven Bewegungsapparat keine Schäden entstehen.

Leistungsfähigkeit

Die Leistungsfähigkeit im Squash ist abhängig von Kondition, Technik, Taktik und den psychischen Fähigkeiten, um diese Leistungsvoraussetzungen im Wettkampf anwenden zu können. Kondition ist ein Sammelbegriff, unter dem Ausdauer, Kraft, Schnelligkeit und Beweglichkeit zusammengefaßt werden können. Unter

Technik wird die Schlag- und Lauftechnik verstanden. Taktische Fähigkeiten beziehen sich auf die Möglichkeit, verschiedene Schläge situativ richtig einzusetzen, taktische Grundsituationen zu erkennen und ein Spiel entsprechend den eigenen Stärken und Schwächen unter Berücksichtigung der Spielmerkmale des Gegners gestalten zu können.

Let

Let bedeutet eine Wiederholung des Ballwechsels. Das Spiel wird also mit dem Spielstand vor dem wiederholten Ballwechsel fortgesetzt. Die Letregel ist neben der Punktregel die wichtigste Regel, um Behinderungen im Court zu erkennen, zu vermeiden oder gegebenenfalls per Regel zu entscheiden. Am häufigsten entstehen Behinderungen dadurch, daß Spieler, die geschlagen haben, den Weg zum Ball für den Gegenspieler nicht freimachen. Dies geschieht vor allem dann, wenn Bälle zu dicht zur eigenen Schlagposition zurückgeschlagen werden und keine Zeit zur Verfügung steht, um dem Gegenspieler auszuweichen. Die konsequente Anwendung der Letregel hat viele Vorteile. Es entstehen keine unnötigen Regeldiskussionen, die den Spielfluß hemmen. Zudem wird das Spiel sicherer, da weniger gefährliche Spielsituationen entstehen, in denen beide Spieler unnötigen Körperkontakt haben. Es lohnt sich, mit dem Spielpartner eine entsprechende Anwendung der Let- und Punktregel zu vereinbaren.

Lob

Lobs sind hohe, weiche Bälle, mit denen der Gegenspieler in den hinteren Courtbereich gezwungen wird. Lobs werden fast ausschließlich aus dem vorderen Courtbereich gespielt und meist in Verteidigungssituationen eingesetzt. Der Lob soll dann diagonal sowie hoch und weich nach hinten gespielt werden, so daß ausreichend Zeit bleibt, die T-Position zu erreichen, bevor der Gegenspieler schlagen kann.

Longline

Unter Longline versteht man einen parallel zur Seitenwand gespielten Ball. Er ist zusammen mit dem langen Crosscourt der am häufigsten verwendete Schlag beim Squash. Je nach Spielsituation kann er härter, weicher oder mit unterschiedlicher Länge gespielt werden. Mit guter Länge geschlagen, zwingt er den Gegner in den hinteren Courtbereich und ermöglicht es, selbst die T-Position einzunehmen.

Nick

Als Nick wird die Kante bezeichnet, an der die Wände (Seiten-, Rückwand) und das Bodenparkett zusammenlaufen. Je nach Konstruktionsmerkmalen und Verarbeitung der Courts ist eine unterschiedlich breite Fuge auf allen Courts zu finden. Wird der Ball genau in diese Fuge, das Nick, gespielt, rollt er heraus und kann nicht mehr regelgerecht zurückgespielt werden. Nickbälle sind demzufolge die effektivsten Schläge im Squash.

Punktregel

Die Punktregel ist im Zusammenhang mit der Letregel zu betrachten. Die Entscheidung, was Punkt und was Let ist, kann im Einzelfall umstritten sein und fällt auch erfahrenen Schiedsrichtern nicht immer leicht. Grundsätzlich gilt, daß eine Punktsituation gegeben ist, sobald ein Spieler seinen Schlag nicht ausführen kann, ohne den Gegenspieler zu gefährden. Er verzichtet dann auf den Schlag (zeigt nur die Behinderung/Gefährdung an) und bekommt den Ballwechsel zugesprochen. Ferner soll einem Spieler immer ermöglicht werden, jeden gewünschten Punkt an der Stirnwand direkt anzuspielen. Deckt ein Spieler diesen Raum durch nicht regelgerechtes Stellungsspiel ab, erhält der Spieler, der die Wand nicht direkt anspielen kann, einen Punkt.

Return

Mit dem Return wird der Aufschlag „beantwortet". Je nach Güte des Aufschlags kann der Spieler mit dem Return angreifen oder verteidigen. Die wichtigsten Returnvarianten sind Longline und Volley-Longline. Ist der Aufschläger beim Return noch in der Bewegung zur T-Position, sind Crosscourt und Boast ebenfalls wirkungsvoll.

Satz

Ein Satz kann mit unterschiedlichen Gesamtpunkten gespielt werden. Bei der traditionellen Zählweise endet der Satz bei 9 Punkten. Punkte erzielen kann nur der Spieler, der das Aufschlagrecht hat. Beim Spielstand 8:8 kann der Spieler, der zuerst 8 Punkte hatte, bestimmen, ob der Satz normal bis 9 gespielt oder bis 10 verlängert wird (mögliche Ergebnisse: 9:8, 10:8, 10:9). Im Profisport gewinnt zunehmend eine andere Zählweise an Bedeutung. Die Sätze werden bis 15 Punkte gespielt, wobei jeder Ballwechsel als Punkt gezählt wird. Bei gewonnenem Ballwechsel erhält der Spieler den Punkt und den Aufschlag. Bei 14:14 kann nach dem oben beschriebenen Verfahren gegebenenfalls um zwei Punkte verlängert werden (mögliche Ergebnisse: 15:14, 17:14, 17:15, 17:16). Normalerweise ist mit drei gewonnenen Sätzen auch das Match gewonnen.

Schwung
Ein richtig ausgeführter und lockerer Schwung ist für das Squash-Spiel von großer Bedeutung. Es ist immer hilfreich, sich zu erinnern, daß nicht Kraft die dominierende Rolle spielt, sondern eben ein schwunghafter Schlag ausgeführt werden soll. Kernstück des richtigen Schwungs ist die Drehung des Unterarms nach innen (Vorhand) oder außen (Rückhand) bei gleichzeitiger Armstreckung. Die genaue Abstimmung dieser beiden Bewegungen ermöglicht eine hohe Schlägerkopfbeschleunigung.

Squash-Center
Es gibt reine Squash-Center und multifunktionelle Freizeitanlagen, die in der Regel mehrere Sportarten anbieten (z. B. auch Tennis, Badminton, Fitneß, Aerobic, Tanzstudios). Die Tendenz geht in den letzten Jahren eindeutig zum Bau multifunktioneller Freizeitanlagen, die ein breites Spektrum an Sportangeboten, Gastronomieeinrichtungen und Shops aufweisen.

Stellung zum Ball
Die Stellung zum Ball beeinflußt den folgenden Schlag ganz entscheidend. Es ist vorteilhaft, gut balanciert und nicht zu dicht am Ball zu stehen, damit frei geschwungen werden kann. Dazu ist es wichtig, die Bälle nicht direkt, sondern in einem Bogen anzulaufen und erst mit den letzten beiden Schritten den seitlichen Abstand zum Ball so zu verringern, daß er auf Höhe des vorderen Beins oder kurz davor getroffen werden kann.

Stoppball
Der Stoppball ist ein Angriffsschlag, der in der Regel aus dem näheren Umkreis der T-Position gespielt wird. Er kann gerade oder diagonal gespielt werden. Der gerade Stoppball ist zu bevorzugen. Es ist einfacher, den Ball kontrolliert dicht an der Wand zu halten und dadurch dem Gegenspieler wenig Möglichkeiten zu effektiven Schlägen zu geben. Als taktisches Mittel ist der Stop einzusetzen, um den Gegenspieler zu verstärkter Laufarbeit zu bewegen oder um einen Punkt zu erzielen, wenn er im hinteren Courtbereich steht.

Tagesform

Neben der allgemeinen sportlichen Form, die auf unterschiedlichen Niveaustufen beschrieben werden kann (z.B. Anfänger, Fortgeschrittener, Vereinsspieler, Kreisligaspieler, Bundesligaspieler), gibt es die Tagesform, mit der die jeweils aktuelle Leistungsfähigkeit eines Spielers gemeint ist. Die Tagesform kann großen Schwankungen unterliegen und wird hauptsächlich von den Ereignissen der letzten 24 Stunden bestimmt. Dazu können berufliche, private, gesundheitliche und sportliche Aspekte gezählt werden. Wer z.B. am Abend des Vortags ein hartes Match absolviert hat und eine gute Tagesform hatte, wird möglicherweise bei einem Match am folgenden Tag feststellen, daß die Tagesform schlecht ist. Der Grund: keine vollständige Erholung. In ein wichtiges Match sollte man immer ausgeruht gehen, d.h. (je nach Trainingszustand) ein bis zwei Tage vorher nicht spielen.

T- Position

Die T-Position ist die zentrale Position auf dem Court. Sie befindet sich ca. einen Meter hinter der Halbfeldlinie auf der Mittellinie. In der T-Position soll eine Erwartungshaltung eingenommen werden (leicht gebeugte Knie, um schnell starten zu können). Die T-Position ist von hoher taktischer Bedeutung, da von diesem Punkt aus die kürzesten Laufwege in alle Schlagpositionen zurückzulegen sind.

Training

Neben dem Selbsttraining ist Trainieren in Squash-Vereinen, aber auch bei Trainern in den Squash-Centern möglich. Wenn Sie Interesse an Training haben, sollten Sie sich vorher gut informieren, welche Trainingsform am ehesten den eigenen Interessen entspricht. Einzeltraining bei einem guten Trainer (der über eine Trainerausbildung verfügen sollte) ist am effektivsten, hat aber seinen Preis.

Verletzungen

Verletzungen kommen beim Squash statistisch gesehen selten vor. Der überwiegende Teil sind Schlagverletzungen, die aus übermäßigem Schwingen und falschem Stellungsspiel resultieren. Wer kontrolliert schwingt und dem Gegner nicht in den Ausschwung läuft, wird sich und andere kaum gefährden. Darüber hinaus ist es wichtig, jede gefährdende Aktion zu vermeiden und gegebenenfalls auf den eigenen Schlag zu verzichten. Seltener sind Verletzungen an Muskeln,

Bändern und Sehnen. Verletzungen dieser Art können aufgrund mangelnden Aufwärmens entstehen, aber auch bei unkontrollierten Bewegungen (z. B. falsche Lauftechnik) oder durch Überbeanspruchung.

Volley
Volleys sind Schläge, bei denen der Ball vor dem ersten Bodenkontakt gespielt wird. Fast alle Bälle im Squash lassen sich auch als Volleys spielen (Volley-Longline, Volley-Boast usw.). Ziel der Volleyspiels ist es, das Spieltempo für den Gegenspieler zu erhöhen und ihm möglichst wenig Zeit für die eigene Schlagvorbereitung zu lassen. Volleys sind also vor allem Angriffsschläge. Zudem muß der Volleyspieler die T-Position nicht sehr weit verlassen und damit weniger laufen.

9 Regelanhang für das Einzel- und Doppelspiel

Das Einzelspiel

Das Spiel, wie man es spielt

Squash wird von zwei Spielern mit genormten Schlägern und genormtem Ball auf einem Spielfeld gespielt, das die vom I.S.R.F./DSRV festgelegten Abmessungen hat.

Zählweise

Ein Spiel geht nach Wahl der Wettkampfveranstalter entweder über zwei Gewinnsätze (maximal drei Sätze) oder über drei Gewinnsätze (maximal fünf Sätze). Jeder Satz hat 9 Gewinnpunkte, wobei der Spieler, der zuerst 9 Punkte erzielt hat, den Satz gewinnt. *Ausnahme:* Bei einem Spielstand von 8:8 bestimmt der Rückschläger, bevor der nächste Aufschlag ausgeführt wird, ob der Satz bis 9 oder 10 Punkte fortgeführt wird. In letzterem Fall gewinnt der Spieler, der zuerst 10 Punkte hat. Der Rückschläger muß in jedem Fall seine Entscheidung klar dem Punktrichter und seinem Gegner mitteilen.

Punkte, wie sie gezählt werden

Spielpunkte können nur vom Aufschläger erzielt werden. Wenn der Aufschläger den Ballwechsel gewinnt, gewinnt er einen Punkt; wenn der Rückschläger den Ballwechsel gewinnt, erhält er das Aufschlagrecht.

Der Aufschlag

- 1. Das Aufschlagrecht wird durch Losen (schnelles Drehen des Schlägers) ermittelt. Danach schlägt der Aufschläger solange auf, bis er einen Ballwechsel verliert. Dann bekommt sein Gegner das Aufschlagrecht usw.

- 2. Bei Beginn eines Satzes und jedes Mal, wenn er das Aufschlagrecht erhält, kann der Aufschläger wählen, von welcher Seite er aufschlägt. Nach einem Punktgewinn muß er jeweils von der anderen Seite aufschlagen, und zwar solange, wie er das Aufschlagrecht behält oder bis zum Ende des Satzes. Wenn der Ballwechsel jedoch mit einem Let endet, muß er wieder von der gleichen Seite aufschlagen. Wenn der Aufschlag von der falschen Seite ausgeführt wird, gibt es keine Strafe, und der Aufschlag ist gültig, es sei denn, der Rückschläger macht keinen Versuch, den Ball zurückzuspielen und verlangt die Ausführung des Aufschlages aus dem richtigen Aufschlagviereck.

- 3. Beim Aufschlag muß der Ball, bevor er aufgeschlagen wird, fallen gelassen oder in die Luft geworfen werden. Der Ball darf dabei weder eine Wand, den Fußboden, die Decke oder irgendwelche Gegenstände, die an der Wand oder Decke hängen, berühren. Der Ball muß direkt auf die Stirnwand zwischen die Aufschlaglinie und die Auslinie gespielt werden, so daß er nach dem Rückprall in jenem Viertel des Spielfeldes, das an die Rückwand angrenzt und dem vom Aufschläger benutzten Aufschlagviereck gegenüberliegt, zu Boden fällt, sofern er vom Rückschläger nicht schon vor dem Auftreffen auf dem Boden zurückgespielt wird (Volley). Sollte ein Spieler, nachdem er den Ball fallen gelassen oder in die Luft geworfen hat, keinen Versuch unternehmen, ihn zu schlagen, darf er ihn ohne Strafe erneut fallen lassen oder in die Luft werfen. Kann ein Spieler nur einen Arm gebrauchen, so darf er den Ball beim Aufschlag mit Hilfe des Schlägers in die Luft werfen.

- 4. Ein Aufschlagwechsel ist gültig, wenn kein Aufschlagfehler vorliegt. Ist ein Aufschlag nicht gültig, muß der Schiedsrichter sofort unterbrechen (Aufschlagwechsel).

- 5. Ein Aufschlag ist fehlerhaft:
  5.1. Wenn der Aufschläger in dem Augenblick, in dem er den Ball trifft, nicht mit mindestens einem Fuß innerhalb des Aufschlagvierecks den Boden berührt, ohne dabei dessen Begrenzungslinie zu berühren (Fußfehler). Ein Teil des Fußes kann über diese Linie hinausragen, vorausgesetzt, er berührt nicht die Linie.
  5.2. Wenn der Ball auf oder unterhalb der Aufschlaglinie auftrifft.
  5.3. Wenn der Ball nach dem Aufschlag (wenn er nicht schon vor dem Auftreffen auf den Boden zurückgespielt wurde – Volley) den Boden zuerst auf oder vor der Querlinie, auf der Mittellinie oder außerhalb des richtigen Viertels im Sinne von Punkt 3 berührt.

5.4. Wenn der Ball die Wände, Fußboden, Decke oder andere Gegenstände, die an der Wand oder Decke hängen, berührt, bevor er geschlagen wird.
5.5. Wenn der Aufschläger einen Versuch macht, aber den Ball nicht trifft.
5.6. Wenn der Ball nach Meinung des Schiedsrichters nicht korrekt geschlagen wurde.
5.7. Wenn der Ball von ihm auf oder unter das Brett oder aus dem Spielfeld geschlagen wird oder einen Teil des Spielfeldes vor der Stirnwand berührt.
5.8. Wenn der Ball, bevor er den Boden mehr als einmal berührt hat oder vom Rückschläger gespielt worden ist, den Aufschläger, seine Kleidung oder Ausrüstung berührt.
5.9. Wenn der Ball, bevor der geschlagen wird, eine Wand oder den Boden berührt, wenn er bei Ausführung des Schlags verfehlt oder wenn er zweimal getroffen wird.

- 6. Der Aufschläger darf erst dann aufschlagen:
  - wenn der Spielstand vom Punkt- oder Schiedsrichter angesagt ist
  - wenn der Rückschläger spielbereit ist.

Der Ballwechsel

Nach einem gültigen Aufschlag wird der Ball solange von den beiden Spielern abwechselnd gespielt, bis einer von ihnen einen ungültigen Schlag macht oder der Ball nicht mehr den Regeln entsprechend im Spiel ist oder das Spiel durch Rufe des Punkt- oder Schiedsrichters unterbrochen wird.

Der gültige Schlag

Ein Schlag ist gültig, wenn der Ball, bevor er den Boden zweimal berührt hat, korrekt vom Spieler auf die Stirnwand über dem Brett zurückgeschlagen wird, ohne dabei den Boden, irgendein Körperteil oder Kleidungsstücke des Spielers oder den Schläger, Körper oder Kleidungsstücke des Gegners zu berühren, vorausgesetzt, der Ball ist nicht „aus" geschlagen.

Let

Ein Let ist die Bezeichnung für die Wiederholung eines Ballwechsels. Der Aufschlag oder Ballwechsel, für welchen vom Schiedsrichter ein Let gegeben wird, zählt nicht, und der Aufschläger wiederholt den Aufschlag aus demselben Aufschlagviereck.

Gewonnene Ballwechsel

Ein Spieler gewinnt einen Ballwechsel:
- 1. Wenn der Gegner einen Fehler nach Regel „Der Aufschlag", Punkt 5 macht.
- 2. Wenn der Gegner einen ungültigen Schlag macht, es sei denn, ein Let wird gewährt oder ein Ballwechsel dem Gegner zuerkannt.
- 3. Wenn der gespielte Ball seinen Gegner oder seine Kleidung oder Ausrüstung berührt, sofern die Regeln „Der gültige Schlag", „Den Gegner mit dem Ball treffen", „Weitere Versuche, den Ball zu schlagen" und „Wann wird ein Let gewährt", Punkt 1.1, nicht etwas anderes sagen.
- 4. Wenn der Schiedsrichter aufgrund einer anderen Regel so entscheidet.

Den Gegner mit dem Ball treffen

Wenn ein sonst gültiger Schlag gespielt worden ist, der Ball jedoch vor Erreichen der Stirnwand den Gegner, seine Kleidung oder Ausrüstung trifft, dann
- 1. gewinnt der Spieler den Ballwechsel, wenn der in gültiger Weise zurückgeschlagene Ball die Stirnwand getroffen hätte, ohne vorher eine andere Wand zu berühren. *Ausnahme:* Der Spieler ist dem Ball vor Ausführung des Schlages mit einer halben Drehung gefolgt oder hat den Ball hinter seinem Körper vorbeigelassen, um ihn in beiden Fällen mit einem Vorhandschlag an der Rückhandseite des Spielfeldes oder umgekehrt zu schlagen. In diesem Fall muß ein Let gewährt werden.
- 2. Wird ein Let gewährt, wenn dieser Schlag in anderer Weise (Auftreffen auf der Stirnwand nach Berühren einer anderen Wand) gültig gewesen wäre. Wenn aber nach Auffassung des Schiedsrichters ein gewinnender Schlag verhindert wurde, soll der Spieler den Ballwechsel gewinnen.
- 3. Verliert der Spieler den Ballwechsel, falls der Schlag nicht gültig gewesen wäre.

Weitere Versuche, den Ball zu schlagen

Wenn der Spieler schlägt, den Ball aber nicht trifft, so kann er weitere Versuche machen, ihn zurückzuschlagen. Wenn der Ball, nachdem er verpaßt worden ist, den Gegner oder dessen Kleidung oder Ausrüstung trifft:
- 1. wird ein Let gewährt, wenn nach Meinung des Schiedsrichters der Spieler den Ball in gültiger Weise hätte zurückschlagen können;

- 2. verliert der Spieler den Ballwechsel, wenn er den Ball nicht in gültiger Weise hätte zurückschlagen können.

Falls einer dieser Versuche erfolgreich ist, und durch das Berühren des Gegners, seiner Kleidung oder Ausrüstung ein Erreichen der Stirnwand verhindert wird, obwohl der Schlag sonst gültig war, muß unter allen Umständen ein Let gewährt werden. Falls bei einem dieser Versuche der Ball in nicht gültiger Weise zurückgeschlagen werden konnte, verliert der Spieler den Ballwechsel.

Behinderung

Nach seinem Schlag muß der Spieler alles unternehmen, um seinem Gegner auszuweichen. Im einzelnen gilt:
- 1. Ein Spieler muß jede Anstrengung unternehmen, um seinem Gegner gute Sicht auf den Ball zu geben.

1.1 Ein Spieler muß jede Anstrengung unternehmen, um den Gegner bei seiner Bewegung zum Ball nicht zu behindern.
Gleichzeitig muß der Gegner jede Anstrengung unternehmen, den Ball zu erreichen und ihn regelgerecht zu spielen.
1.2 Die Spieler dürfen während eines Ballwechsels nichts rufen oder sprechen.
1.3 Ein Spieler muß jede Anstrengung unternehmen, um seinem Gegner genug Platz zu geben, den Ball zu spielen.
1.4 Ein Spieler muß jede Anstrengung unternehmen, um seinen Gegner – sofern das dessen Position erlaubt – die Möglichkeit zu geben, den Ball direkt an die Stirnwand zu spielen.
Wenn ein Spieler eine aufgeführte Forderung nicht erfüllt, liegt eine Behinderung vor.

Wann wird ein Let gewährt?

- 1. Ein Let wird gewährt:

1.1 Wenn der Gegner wegen der Position des Spielenden es nicht vermeiden kann, vom Ball berührt zu werden, bevor der Ball zurückgeschlagen wird.
1.2 Wenn der Ball irgendeinen Gegenstand berührt, der auf dem Spielfeld liegt.
1.3 Wenn ein Spieler davon Abstand nimmt, den Ball zu schlagen, weil er berechtigterweise fürchtet, seinen Gegner zu verletzen.

- 2. Ein Let muß gewährt werden:
  2.1 Wenn der Rückschläger noch nicht spielbereit ist und keinen Versuch macht, den Aufschlag anzunehmen.
  2.2 Wenn der Ball während des Spieles unspielbar wird.
  2.3 Wenn ein sonst gültiger Schlag ausgeführt worden ist, der Ball aber nach seinem ersten Auftreffen auf den Boden aus dem Spielfeld springt.
  2.4 Gemäß den Regeln „Gegner mit dem Ball treffen", „Weitere Versuche..." und „Verhalten...".
  Soll ein Let gemäß dieser Regel gewährt werden, muß der Aufschläger in der Lage gewesen sein, einen gültigen Schlag zu machen.
- 3. Kein Let soll gewährt werden, wenn der Spieler den Versuch gemacht hat, den Ball zu spielen, ausgenommen die Regeln, die ausdrücklich ein Let verlangen.

Neuer Ball

- 1. Wenn ein Ball während des Spiels beschädigt wird, soll er sofort durch einen neuen ersetzt werden.
- 2. Der Ball kann jederzeit, wenn er nicht im Spiel ist – bei gegenseitigem Einverständnis der Spieler oder auf Einspruch eines Spielers – nach freiem Ermessen des Schiedsrichters durch einen neuen ersetzt werden.
- 3. Wenn ein Ball beschädigt ist, dies aber nicht während des Spiels festgestellt wurde, soll kein Let für den Ballwechsel, bei dem der Ball beschädigt wurde, gewährt werden, wenn entweder der Rückschläger versucht hat, den nächsten Aufschlag anzunehmen oder der Aufschläger den Ballwechsel verloren hat.
- 4. Wenn ein Spieler um einen neuen Ball bittet, muß er dies tun, bevor der Rückschläger den nächsten Schlag ausführt, oder, wenn es der letzte Ballwechsel eines Satzes ist, sofort nach dem Ballwechsel.
- 5. Wenn ein Spieler während eines Ballwechsels aufhört zu spielen, um anzuzeigen, daß der Ball beschädigt ist, und es sich herausstellt, daß dies nicht der Fall ist, verliert der Spieler den Ballwechsel.

Ein Spiel soll ohne Unterbrechung gespielt werden

Nach dem ersten Aufschlag soll das Spiel möglichst ohne Unterbrechung zu Ende gespielt werden.

Ausnahme:
- 1. Zwischen den einzelnen Sätzen wird eine Pause von je 90 Sekunden gestattet. Während dieser Pausen dürfen die Spieler das Spielfeld verlassen. Am Ende einer Pause müssen sie aber bereit sein, das Spiel wieder aufzunehmen. 15 Sekunden vor Ende der Pause muß der Schiedsrichter „15 Sekunden" zur Information der Spieler rufen. Am Ende einer Pause zwischen den Sätzen muß der Schiedsrichter „Zeit" rufen. Ein Spieler darf sich nur so weit vom Spielfeld entfernen, wie er die Rufe „15 Sekunden" und „Zeit" hören kann.
- 2. Wenn ein Spieler dem Schiedsrichter anzeigt, daß er Ausrüstung, Kleidung oder Schuhe wechseln muß, kann der Schiedsrichter dem Spieler dafür Zeit einräumen.
- 3. Im Falle einer Verletzung kann der Schiedsrichter entscheiden:
3.1 Ob der Spieler sich die Verletzung selber zugefügt hat,
3.2 ob sie unabsichtlich vom Gegner zugefügt wurde,
3.3 ob sie durch den Gegner absichtlich oder durch gefährliches Spiel zugefügt wurde. In den Fällen 3.2 und 3.3 hat der Schiedsrichter sicherzustellen, daß es sich um eine echte Verletzung handelt. Die Worte „unabsichtlich zugefügt" oder „unabsichtlich verursacht" dürfen vom Schiedsrichter nicht derart ausgelegt werden, daß Situationen, in denen sich ein Spieler eine Verletzung aufgrund einer unnötig dichten Position zu seinem Gegner zuzieht, miteinbezogen werden.
Im Fall gemäß Regel 3.1 muß der Schiedsrichter den verletzten Spieler auffordern, das Spiel fortzusetzen oder den Satz abzugeben, die Pause zu nutzen und daraufhin das Spiel wieder aufzunehmen oder aber das Spiel ganz abzugeben.
Im Fall gemäß Regel 3.2 soll der Schiedsrichter dem verletzten Spieler unter Beachtung des Turnierzeitplanes eine angemessene Zeit zur Wiederherstellung einräumen. Falls der Spieler danach das Spiel nicht wieder aufnimmt, muß er es als verloren abgeben.
Grundsätzlich ist der Spielstand zum Zeitpunkt der Verletzung auch der Spielstand bei der Wiederaufnahme, es sei denn, das Spiel wird auf den nächsten Tag verlegt und die Spieler einigen sich auf einen Neubeginn.
Im Fall 3.3 spricht der Schiedsrichter dem verletzten Spieler das Spiel zu.

Verhalten auf dem Spielfeld

Wenn der Schiedsrichter feststellt, daß das Betragen eines Spielers auf dem Spielfeld den Gegner, die Offiziellen oder Zuschauer einschüchtert oder beleidigt oder das Spiel auf irgendeine Art in schlechten Ruf bringt, sollen folgende Strafen angewandt werden:
- 1. Verwarnung durch den Schiedsrichter
- 2. Aufschlagabgabe bzw. Punkt an den Gegner
- 3. Satzabgabe an den Gegner
- 4. Spielabgabe an den Gegner.

Ausgewählte Regeln des Doppelspiels

Aufsicht über das Spiel

Ein Spiel wird normalerweise von einem Schiedsrichter beaufsichtigt, dem ein Punktrichter zur Seite steht. Es kann jedoch auch eine Person beide Funktionen ausüben.

Das Spiel (Doppel)

Das internationale Squash-Doppel wird von zwei Mannschaften (Doppel) gespielt. Jedes besteht aus zwei Spielern. Die Spieler haben einen genormten Schläger und benutzen einen genormten Ball auf einem genormten Spielfeld. Schläger, Ball und Spielfeld müssen den Normen des WSF entsprechen.

Die Zählweise

Je nach Wahl des Turnierveranstalters wird ein Spiel über zwei oder drei Gewinnsätze gespielt. Jeder Satz wird bis zu 15 Punkten gespielt und wird von dem Doppel gewonnen, das zuerst 15 Punkte erreicht hat. *Ausnahme:* Beim Stand von 14:14 müssen die Rückschläger vor dem nächsten Aufschlag bestimmen, ob der Satz bis 15 („keine Verlängerung") oder bis 17 Punkte („verlängert bis 17") fortgesetzt wird. In diesem Fall gewinnt das Doppel den Satz, das noch drei Punkte erzielt. Die Rückschläger müssen auf jeden Fall ihre Entscheidung dem Punktrichter, dem Schiedsrichter und den Gegnern deutlich anzeigen. Bevor das Spiel weitergeht, muß der Punktrichter entweder „keine Verlängerung" oder „verlängert bis 17" ansagen.

Der Aufschlag

Das erste Aufschlagrecht wird durch Drehen eines Schlägers ermittelt. Das Doppel, das aufschlägt, nennt man die „Aufschläger" und das Doppel, das den Aufschlag annimmt, die „Rückschläger".

Zu Beginn des zweiten und jeden weiteren Satzes kann das Doppel, das den vorhergehenden Satz gewonnen hat, wählen, aufzuschlagen oder den Aufschlag anzunehmen. Dies muß dem Punktrichter, dem Schiedsrichter und den Gegnern angezeigt werden.

Mit Ausnahme des ersten Ballwechsels jeden Satzes schlagen die Partner eines Doppels nacheinander auf. Der erste Spieler schlägt solange auf, bis sein Doppel einen Ballwechsel verliert – der Punktrichter muß „2.Aufschlag" rufen. Der zweite Spieler schlägt dann solange auf, bis sein Doppel wieder einen Ballwechsel verliert – der Punktrichter muß „Aufschlagwechsel" rufen. Bei diesem Stand wechselt das Aufschlagrecht, d.h. die Rückschläger werden die Aufschläger, die dann in derselben Weise aufschlagen wie oben aufgeführt.

Beim ersten Aufschlag in jedem Satz, schlägt immer nur der 2. Spieler der Aufschläger auf, solange bis sein Doppel einen Ballwechsel verliert. Dann wechselt das Aufschlagrecht (Ruf des Punktrichters „Aufschlagwechsel").

Die Reihenfolge, wer als erster und wer als zweiter in einem Doppel aufschlägt, darf während eines laufenden Satzes nicht geändert werden. Zu Beginn eines neuen Satzes kann die Reihenfolge geändert werden. Wenn eine solche Änderung durchgeführt wird, muß dies vor Beginn des Satzes deutlich dem Punktrichter, dem Schiedsrichter und den Gegnern angezeigt werden.

Am Anfang eines Satzes hat der 2. Spieler der Aufschläger die Wahl, von welcher Seite er aufschlagen möchte. Nachdem das Aufschlagrecht wechselt, kann der 1. Aufschläger dieses Doppels die Seite wählen, von der er aufschlagen möchte. Wenn dann ein Ballwechsel verlorengeht, muß der 2. Aufschläger von der rechten Seite aufschlagen, wenn sein Partner zuletzt von links aufgeschlagen hat und umgekehrt.

Jeder Spieler schlägt abwechselnd von jeder Seite auf, solange er der Aufschläger bleibt, es sei denn, ein Ballwechsel wird wiederholt, wobei er nochmals von der gleichen Seite aufschlagen muß.

Der Ballwechsel

Nach einem gültigen Aufschlag wird der Ball von beiden Doppeln abwechselnd gespielt, bis entweder einer der Spieler einen ungültigen Schlag macht, sich der Ball nicht mehr den Regeln entsprechend im Spiel befindet oder das Spiel durch Rufe des Punkt- oder Schiedsrichters unterbrochen wird.

Gültiger Rückschlag

Ein Rückschlag ist gültig, wenn der Ball, bevor er den Boden zweimal berührt hat, vom Rückschläger oberhalb der Tin-Leiste auf die Stirnwand geschlagen wird. Ein Rückschlag ist nicht gültig, wenn der Ball vor oder nach Auftreffen auf die Stirnwand gespielt wird, ohne dabei zuerst den Boden, irgendeinen Körperteil oder ein Kleidungsstück des schlagenden Spielers, noch den Schläger eines anderen Spielers, deren Körper oder Kleidung zu berühren und nicht ins „Aus" geschlagen wird.

Ein Rückschlag ist nicht gültig, wenn der Ball vor oder nach dem Auftreffen auf die Stirnwand und bevor er auf dem Boden aufspringt, das Brett trifft, oder wenn der Schläger zum Zeitpunkt des Ballkontaktes nicht in der Hand des Rückschlägers ist.

Let

Ein Let ist ein Ballwechsel, der nicht entschieden werden kann. Der Ballwechsel, für welchen ein Let zugestanden wird, zählt nicht und der Aufschläger muß seinen Aufschlag von der gleichen Seite wiederholen.

Gewonnene Ballwechsel

Ein Doppel gewinnt einen Ballwechsel:
- gemäß Regel 4.4, wenn das Doppel die Rückschläger sind;
- wenn es den Gegnern nicht gelingt, einen gültigen Rückschlag auszuführen, es sei denn, den Gegnern wird ein Let gewährt oder der Ballwechsel zugesprochen.

Treffen des Gegners mit dem Ball

Wenn der Ball, bevor er die Stirnwand erreicht hat, einen der Gegner, dessen Schläger, Kleidung oder Ausrüstung trifft, muß der Ballwechsel unterbrochen werden und:

- ein Let gewährt werden, sofern der Rückschlag gut gewesen wäre;
- das Doppel, das den Ball geschlagen hat, verliert den Ballwechsel, sofern der Rückschlag nicht gut gewesen wäre.

Einsprüche

Der Verlierer eines Ballwechsels kann gegen jede Entscheidung des Punktrichters hinsichtlich dieses Ballwechsels Einspruch erheben.

Einsprüche gemäß Regel 11 sind mit den Worten „Let bitte" beim Schiedsrichter zu erheben. Das Spiel muß bis zur Entscheidung des Schiedsrichters unterbrochen werden.

Falls ein Einspruch gemäß Regel 11 abgelehnt wird, bleibt die Entscheidung des Punktrichters bestehen. Falls der Schiedsrichter sich nicht sicher ist, muß er ein Let gewähren, mit Ausnahme der in den Anmerkungen für Schiedsrichter zu Regel 11.2.1 und der Anmerkungen für Schiedsrichter C und D zu Regel 11.2.2 vorgesehenen Fällen.

Behinderung

Wenn ein Spieler an der Reihe ist, den Ball zu schlagen, darf er von seinen Gegnern nicht behindert werden.

Um eine Behinderung zu vermeiden, müssen die Gegner jede Anstrengung unternehmen, den am Schlag befindlichen Spieler folgende Möglichkeiten einzuräumen:

- unbehinderten, direkten Zugang zum Ball,
- gute Sicht zum Ball,
- ausreichend Platz, den Ball zu schlagen.

Unter Behinderung versteht man, wenn die Gegner irgendeine Bedingung der Regel 12.2 nicht angemessen erfüllen, auch wenn sie jede Anstrengung unternehmen, diese zu verhindern.

Gewährung von Lets (Regel 13)

Zusätzlich zu den in anderen Fällen möglichen Lets können oder müssen Lets in bestimmten Fällen gewährt werden.

Ein Let kann gewährt werden:

13.1.1
Wenn einer der Gegner aufgrund seiner Position zum Rückschläger es nicht vermeiden kann, vom Ball getroffen zu werden, bevor er den Rückschlag ausführt.

Anmerkung für den Schiedsrichter
Diese Regel bezieht alle Fälle mit ein, bei denen sich der Rückschläger vor einem der Gegner aufhält und dem Gegner die Sicht zum Ball genommen ist oder der Rückschläger den Ball so nah an sich vorbeikommen läßt, daß er den hinter ihm stehenden Gegner trifft. Dies soll jedoch auf keinen Fall als Widerspruch zu den Pflichten des Schiedsrichters gemäß Regel 12 stehen.

13.1.2
Wenn der Ball irgendeinen auf dem Boden liegenden Gegenstand trifft.

Anmerkung für den Schiedsrichter
Der Schiedsrichter hat dafür zu sorgen, daß keine Gegenstände auf dem Boden liegen.

13.1.3
Wenn der Rückschläger einen Schlag nicht ausführt, weil er befürchtet, einen seiner Gegner zu verletzen.

Anmerkung für den Schiedsrichter
Dies schließt auch den Fall ein, wo der Rückschläger den Ball über die Rückwand spielen möchte.

13.1.4
Wenn ein Spieler, nach Ansicht des Schiedsrichters, durch ein Ereignis inner- oder außerhalb des Courts abgelenkt wurde.

13.1.5
Wenn, nach Ansicht des Schiedsrichters, veränderte Courtbedingungen den Ausgang des Ballwechsels beeinflußt haben.

13.2
Ein Let muß gewährt werden:

13.2.1
Wenn der Rückschläger beim Aufschlag nicht bereit ist und keinen Versuch unternimmt, diesen anzunehmen.

13.2.2
Wenn der Ball während des Spiels kaputtgeht.

13.2.3
Wenn der Schiedsrichter über einen Einspruch entscheiden soll, das aber nicht kann.

13.2.4
Wenn der Ball bei einem sonst gültigen Rückschlag irgendwo im Court eingeklemmt wird und somit nicht auf dem Boden aufspringen kann oder der Ball nach dem ersten Aufspringen ins „Aus" geht.

13.3
Wenn einer der Rückschläger gemäß Regel 13.1.2, 13.1.4 oder 13.1.5 um Let bittet, muß er oder sein Partner immer in der Lage gewesen sein, einen gültigen Rückschlag auszuführen. Wenn der Spieler eines Doppels, der den Rückschlag ausführen wollte, gemäß Regel 13.1.3 um Let bittet, so muß er in jedem Fall die Möglichkeit eines gültigen Rückschlags gehabt haben. Für einen Einspruch der Gegner gemäß Regel 13.1.2, 13.1.4 und 13.1.5 gelten diese Voraussetzungen nicht.

13.4
Kein Let darf gemäß Regeln 13.1.3 und 13.2.1 gewährt werden, wenn der Rückschläger versucht, den Ball zu schlagen, wohl aber gemäß Regeln 13.1.2, 13.1.4, 13.1.5, 13.2.2, 13.2.3 und 13.2.4.

13.5
Die Bedingungen für Einsprüche gemäß Regel 13 sind:

13.5.1
Bei den Regeln 13.1.3 (nur Rückschläger), 13.1.4, 13.2.1 (nur Rückschläger) und 13.2.3 ist ein Einspruch des Spielers notwendig, damit ein Let gewährt werden kann.

10 Literatur

HAYMANN, K./MESECK U.: Lehrbuch Squash. Offizielles Lehrbuch des Deutschen Squash Verbands. München 1989.

HAYMANN, K./MESECK, U: Spaß am Squash – Besser spielen durch Selbsttraining. München 1991.

HUNT, G.: On Squash. Auckland 1976.

KHAN, J.: Besser Squash spielen. Reinbek bei Hamburg 1992.

LEMKE, K.D./MESECK, U.: Badminton Handbuch. Aachen 1996 (2. Auflage).

MESECK, U.: Rahmentrainingskonzeption für Kinder und Jugendliche im Squash. Manuskript Bremen 1996.

Sport mit Format

Sport-Handbücher im Meyer & Meyer Verlag

Handbuch für Badminton
Handbuch für Baseball
Handbuch für Basketball
Handbuch für Beach-Volleyball
Handbuch für Bergwandern
Handbuch für Mädchen- und Frauenfußball
Handbuch für Gymnastik und Tanz
Handbuch für Jazz Dance
Handbuch für Kinder- und Jugendfußball
Handbuch für Kraftsport und Bodybuilding
Handbuch für Leistungsvolleyball
Handbuch für Mountain-Biking
Handbuch für Muskeltraining
Handbuch für Radsport
Handbuch für das Rennrudern
Handbuch für Rock 'n' Roll
Handbuch für den Rudersport
Handbuch für den Schwimmsport
Handbuch für den Segelsport
Handbuch für Skilanglauf
Handbuch für Sport und Umwelt
Handbuch für Squash
Handbuch für Tai Chi Chuan und Körperarbeit
Handbuch für Triathlon
Handbuch für Volleyball

MEYER & MEYER • DER SPORTVERLAG